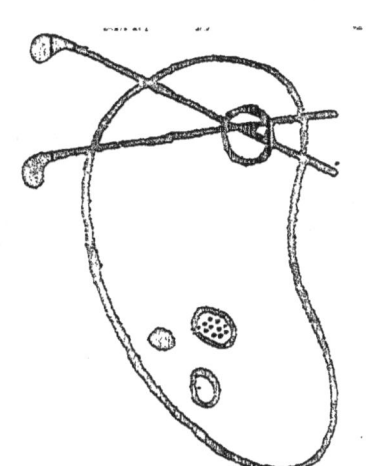

Début d'une série de documents en couleur

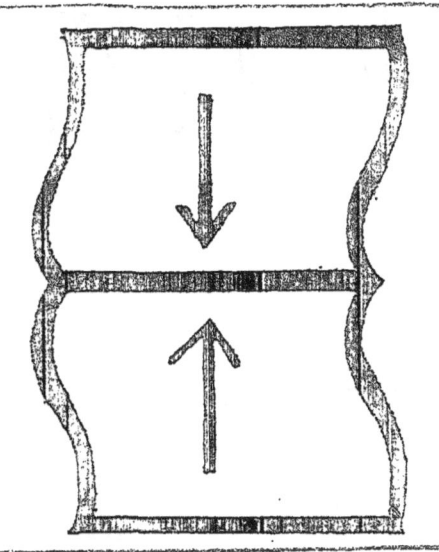

RELIURE SERREE
Absence de marges intérieures

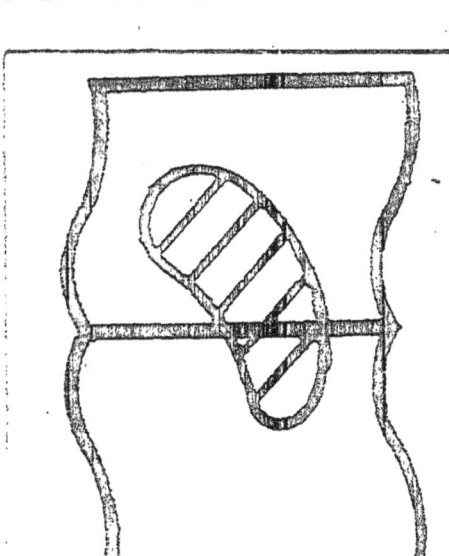

Illisibilité partielle

VALABLE POUR TOUT OU PARTIE
DU DOCUMENT REPRODUIT

THÉODORE DE BANVILLE

MARCELLE RABE

PARIS
BIBLIOTHÈQUE-CHARPENTIER
11, RUE DE GRENELLE, 11

1891

Extrait du Catalogue de la BIBLIOTHÈQUE-CHARPENTIER
à 3 fr. 50 le volume
G. CHARPENTIER et E. FASQUELLE, ÉDITEURS
11, RUE DE GRENELLE, 11, PARIS

ŒUVRES DE THÉODORE DE BANVILLE

POÉSIE

ODES FUNAMBULESQUES.. 1 vol.
LES EXILÉS... 1 vol.
LES CARIATIDES.. 1 vol.
NOUS TOUS (poésies nouvelles), avec un dessin de G. Rochegrosse.. 1 vol.
SONNAILLES ET CLOCHETTES (poésies nouvelles), avec un dessin de G. Rochegrosse.. 1 vol.
PETIT TRAITÉ DE POÉSIE FRANÇAISE, suivi d'études sur Pierre de Ronsard et Jean de La Fontaine.......................... 1 vol.

THÉATRE

COMÉDIES. — Le feuilleton d'Aristophane. — Le beau Léandre. — Le cousin du roi. — Diane au bois, etc............ 1 vol.

SCÈNES DE LA VIE

ESQUISSES PARISIENNES.. 1 vol.
CONTES POUR LES FEMMES, ornés d'un dessin de Rochegrosse (3e mille).. 1 v.
CONTES FÉERIQUES, ornés d'un dessin de Rochegrosse... 1 vol.
CONTES HÉROIQUES, ornés d'un dessin de Rochegrosse... 1 vol.
CONTES BOURGEOIS, ornés d'un dessin de G. Rochegrosse (2e mille).. 1 v.

PETITES ÉTUDES

LA LANTERNE MAGIQUE... 1
MES SOUVENIRS (3e mille).. 1
PARIS VÉCU (2e mille).. 1
L'AME DE PARIS... 1 v.
LETTRES CHIMÉRIQUES, ornées d'un dessin de G. Rochegrosse (2e mille).. 1 vol.
DAMES ET DEMOISELLES.. 1 vol.
LES BELLES POUPÉES, ornées d'un dessin de G. Rochegrosse.. 1 vol.

3761. — Imprimeries réunies, rue Mignon, 2, Paris.

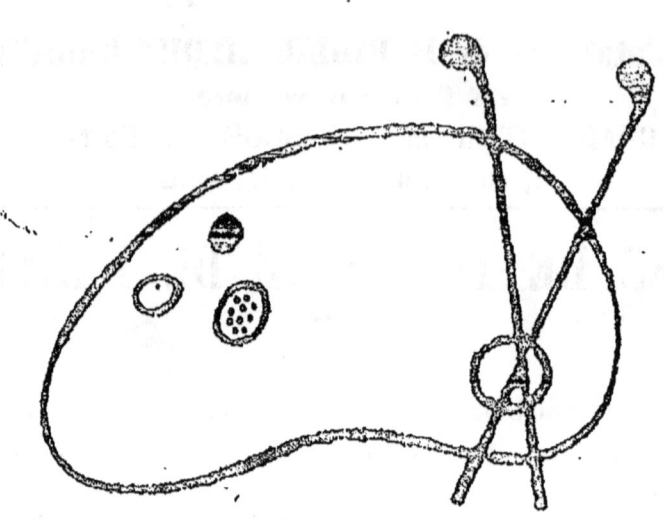

Fin d'une série de documents en couleur

MARCELLE RABE

8° Y²
44777

BIBLIOTHÈQUE-CHARPENTIER
à 3 fr. 50 le volume.

DU MÊME AUTEUR

Esquisses parisiennes...	1 vol.
Contes pour les femmes, ornés d'un dessin de G. Rochegrosse (3ᵉ mille)...............................	1 vol.
Contes féeriques, ornés d'un dessin de G. Rochegrosse..	1 vol.
Contes héroïques, ornés d'un dessin de G. Rochegrosse..	1 vol.
Contes bourgeois, ornés d'un dessin de G. Rochegrosse (2ᵉ mille)..	1 vol.
Poésies complètes. Tome I. Odes funambulesques.	1 vol.
Poésies complètes. Tome II. Les Exilés...............	1 vol.
Poésies complètes. Tome III. Les Cariatides......	1 vol.
Nous tous (poésies nouvelles), avec un dessin de G. Rochegrosse..	1 vol.
Sonnailles et clochettes (poésies nouvelles), avec un dessin de G. Rochegrosse.........................	1 vol.
Comédies. — Le feuilleton d'Aristophane. — Le beau Léandre. — Le cousin du roi. — Diane au bois, etc.	1 vol.
Petit traité de poésie française, suivi d'études sur Pierre de Ronsard et Jean de La Fontaine...	1 vol.
La lanterne magique, avec un dessin de G. Rochegrosse..	1 vol.
Mes souvenirs, avec un dessin de G. Rochegrosse (3ᵉ mille)..	1 vol.
Paris vécu, avec un dessin de G. Rochegrosse (2ᵉ mille)..	1 vol.
L'âme de Paris..	1 vol.
Lettres chimériques, ornées d'un dessin de G. Rochegrosse (2ᵉ mille)..................................	1 vol.
Dames et demoiselles, avec un dessin de G. Rochegrosse..	1 vol.
Les belles poupées, ornées d'un dessin de G. Rochegrosse..	1 vol.

8490. — Imprimeries réunies, rue Mignon, 2, Paris.

THÉODORE DE BANVILLE

MARCELLE RABE

AVEC UN DESSIN
de Georges ROCHEGROSSE

PARIS
BIBLIOTHÈQUE-CHARPENTIER
11, RUE DE GRENELLE, 11

1891

MARCELLE RABE

I

Lorsque Mathis entra chez son ami Jean Carion, le peintre travaillait, comme d'ailleurs il travaille toujours. Un vieux modèle nu, maigre et très noir, beau d'horreur, posait. Accoudé sur un coin de divan, le charmant poète Salvage, presque enfant encore, lisait un livre. Aurélie, modèle, habillée en dame, était assise sur des coussins, et restait immobile, avec l'insouciance d'un bel animal.

— Ah! mon cher docteur, dit Carion, à la façon dont tu espaces tes visites, on voit bien que je ne m'amuse pas à être malade. Mais rassure-toi, je n'en aurai jamais le temps.

Avant de répondre, le médecin regarda les deux grands tableaux que son ami achevait en même temps. L'un représentait les Danaïdes. Dans un lieu sinistre, qui était à la fois sur la terre et dans les enfers, dans un air étouffant, sous un ciel de plomb sans soleil, éparpillées dans le paysage nullement ombragé, sans un brin d'herbe, aux lignes affreusement calmes, les cinquante meurtrières punies, pâles, robustes, éperdues se hâtaient de puiser l'eau sombre du fleuve et de vider leurs urnes dans le tonneau sans fond avec l'absurde espoir de le remplir. Sur le devant du tableau, les unes gigantesques, rassemblées en grappe se pressaient les unes contre les autres avec l'idée que jetées en tas, elles iraient plus vite. Quelques-unes découragées pendant l'espace d'un fugitif instant rêvaient de s'arrêter, de se reposer, sachant pourtant que c'était impossible. Sur les divers plans, jusqu'au fond de la toile, rapetissées par la perspective, d'autres Danaïdes penchées vers l'eau frémissante ou se relevant se figuraient que puisée ainsi dans un détour plus lointain du fleuve, l'eau effarée et surprise serait meilleure pour remplir le tonneau sans fond.

Cependant une femme du peuple brisée de fatigue, non antique, ni moderne, mais de tous les temps, du temps sans fin où l'on peine, où l'on souffre et qui dure toujours, avait rempli, pour la porter à la maison, son urne énorme, gigantesque, démesurée, dont le poids accablait et brisait sa robuste épaule. Cette victime lasse, résignée et courageuse rappelait par son intense tristesse les figures du grand Daumier; mais est-il possible de ne pas se rencontrer avec ce génie quand on veut peindre sincèrement la cruauté de la vie?

II

L'autre tableau de Jean Carion représentait Job. L'homme qui a été le plus grand des Orientaux, qui a eu tout et qui a tout perdu, a été frappé par Satan d'un ulcère malin, depuis la plante du pied jusqu'au sommet de la tête. Maintenant, il a pris un morceau de pot de terre pour se gratter et il est assis dans la cendre. Il a connu les dernières brûlures de l'horreur, il voit distinctement les épouvantes, et son œil vide atteste et interroge Dieu. Lui, le juste, il a connu l'ennui de vivre et il s'est écrié : Que le jour où je naquis périsse ! Mais ce n'est encore rien qu'il ait perdu ses fils et ses filles écrasés sous les débris de la maison, que le vent du désert a secouée. Ce n'est rien qu'il

soit devenu une plaie et une pourriture, que
par la violence de son effort, son vêtement
ait changé de couleur, et que ses lèvres ne
couvrent plus ses dents. Il lui reste à subir
la suprême injure. Près de lui est sa femme
qui va lui donner ses raisons de femme. Près
de lui sont ses amis intimes Eliphaz Thé-
manite, Bildad Scuhite et Tsophar Nahama-
thite qui ont déchiré leurs manteaux et sur
leurs têtes jeté de la poudre vers les
cieux. Ils n'osent encore parler et gardent
le silence. Mais d'avance ils se réjouissent
du bon sens qu'ils vont montrer, et tout à
l'heure ils n'épargneront pas à Job les
injures banales et les consolations hypocrites. Et celui à qui Dieu a mis des ténèbres
sur ses sentiers, celui contre qui les troupes
de Dieu, venues ensemble, ont dressé leur
chemin, va subir maintenant le suprême
supplice des lieux communs et des paroles
vides; celui dont les os ont été percés pendant la nuit et dont les veines n'ont plus de

repos va se débattre à présent contre les personnages comiques.

III

— Ah! mon cher Jean, dit Mathis, voilà de beaux tableaux et qui représentent sous deux faces le prodigieux martyre de la vie, et la vertu qui en triomphe, c'est-à-dire tout.

— A la bonne heure, fit Carion, mais ce qui est surtout précieux pour nous, c'est le sentiment du savetier à propos de la chaussure. Dis-moi donc, anatomiste, si les muscles sont à leur place et si les jointures sont bien attachées?

— On ne peut mieux, et les dissections que nous avons faites ensemble n'ont pas été perdues.

— Alors, reprit Carion, tu peux me dire

maintenant pourquoi tu as disparu comme un rêve, et pourquoi j'ai pu commencer, achever presque ces deux toiles, sans que tu en sois informé.

Daniel Mathis eut un moment d'hésitation, regarda les personnages présents comme n'osant parler devant eux. D'un coup d'œil éloquent le peintre lui montra son vieux modèle Quaranta, pareil à un maigre bloc brûlé par la foudre, aussi étranger à l'humanité qu'une roche noire dans la mer, puis désignant son jeune ami, Étienne Salvage :

— Quant à cet enfant, dit-il, tu le connais. Il n'a pas le temps de bavarder, étant occupé de choses éternelles. Il est vrai qu'en sa qualité de poète, il n'a rien à faire. Mais il lit Pindare dans le texte grec. Pour employer son temps, il a appris l'hébreu, l'arabe, les langues orientales, y compris le sanscrit, et il sait par cœur tous les dictionnaires.

La belle Aurélie, modèle, prit la parole :

— Moi, dit-elle, monsieur le docteur, j'ai

reçu un don particulier, qui fait de moi une femme précieuse. Quand on parle, je m'applique à ne pas écouter. Secondement, je ne comprends pas, et ensuite, ce qu'on a dit, je l'oublie immédiatement. Je me le rappellerais pourtant, si cela pouvait être utile à Jean, pour l'agencement d'un tableau.

— Eh bien, dit Mathis, puisqu'il faut ouvrir mon cœur, voilà. Je crois que je suis amoureux.

— Mais, cher Daniel, dit Carion, ton secret est celui de Paris et de Polichinelle. On te voit partout, les yeux allumés, suivant Marcelle Rabe comme un chien. Mais tu ne lui as jamais parlé, tu ne la connais pas et n'étant ni pauvre ni millionnaire, tu ne sais par quel bout entamer la conversation ! Hélas ! toi qui avais si bien commencé ! Ton livre : *Les Maladies de l'Ame*, publié il y a deux ans déjà, fut un coup de génie. Tu appartiens à la Science, qui permet de chercher, de mordre en plein inconnu, de découvrir des mondes, de se dévouer sans cesse, et voilà que tu t'amuses maintenant à des fariboles !

— Mais, toi-même, dit Mathis, n'as-tu donc jamais été amoureux ?

— Moi ! dit Carion avec une moue indignée. Moi ! Eh bien ! et travailler ! Est-ce donc en récitant des madrigaux à Chloris que j'apprendrais à dessiner un pied !

— Eh ! fit Daniel, un peu impatienté, on n'est pas sur la terre pour dessiner des pieds !

— Si fait, moi, dit Carion. Mon cher, je suis plus de ton avis que toi-même. Entrer dans la vie, beau comme un ange et fier comme un lion; rencontrer Juliette n'ayant pas encore quatorze ans, l'adorer, boire son baiser d'enfant et mourir avec elle, c'est assurément la plus raisonnable des professions. Mais, moi, j'ai manqué le coche. Mon visage d'ouvrier a été modelé à la diable, je n'ai pas rencontré Juliette, je n'ai pas su mourir à vingt ans, puisque j'en ai déjà vingt-sept, et n'ayant pas eu l'heur d'être un amant, je me suis rabattu sur la peinture.

— Eh ! dit Mathis, ne peux-tu donc séparer dans ta pensée l'amour et la mort ?

— Mais, dit Carion en souriant dans sa douce et longue barbe de fleuve, c'est la même chose. On peut aussi avoir une bonne femme ordonnée et patiente et des petits, et c'est le bonheur vrai. Mais nous autres, qui sommes Paris, qui pensons comme les moines prient, pour tous ceux qui ne prient pas, nous ne sommes pas ici pour nous amuser et pour faire des enfants, puisque notre race se reproduit où et comme Dieu veut, dans les circonstances qu'il veut, et non par la génération, comme les autres races. Quand on a fait des garçons, Émile Deschamps veut qu'on leur achète à chacun un cheval; mais du moins le devoir étroit est de leur acheter des culottes. Et, pour cela on doit tout faire, même de la mauvaise peinture. Or, on en fait déjà tant, sans le vouloir ! Non, mon ami, je n'ai jamais été amoureux.

— Et vous? dit Mathis à Étienne Salvage.

— J'ai eu, dit le poète, une adorable mère qui exerçait un petit commerce de mercerie et de modes. Elle travaillait avec la férocité de l'amour, et toute sa vie elle s'est nourrie de croûtes de pain pour m'amasser six mille francs de rente. Je les ai, je suis l'être le plus indépendant qu'il y ait à Paris, et je m'efforce de bien faire les vers, car le Dictionnaire de l'Académie a parfaitement raison dans sa définition : Poésie, art d'écrire en vers. Mon aïeul Ronsard chantait fidèlement, Cassandre ou Hélène, les dames que Catherine de Médicis lui ordonnait de chanter, et il les aimait dans la mesure où cela était nécessaire pour composer ses odes. Moi qui ne suis pas limité par les ordres d'une princesse, j'aime Hélène, Cléopâtre, Hippolyte, reine des Amazones, et aussi la bourgeoise qui se promène sur le boulevard avec un joli chapeau, et la rôdeuse des fortifications qui se peigne avec un clou ; mais tout cela en général, platoniquement, dans l'unique intérêt des harmonies concordantes.

— Marcelle Rabe, dit Carion, n'est pas une créature vulgaire. Elle est belle, étrange et d'une bonne couleur fauve qui n'a rien de commun avec les roses et avec les lys. Elle est riche — hélas ! de combien de boue et de sang ? — ce qui lui permet de ne pas se vendre à toutes les minutes et de procéder par masses. En tout ce qui n'est pas l'amour, elle est fidèle à sa parole. A propos d'elle, on aurait pu redire le détestable lieu commun inventé, je crois, pour Ninon de Lenclos : C'est un honnête homme. Ce qui est absurde, car la femme n'étant pas un homme, ne peut être un honnête homme. Mais Marcelle aurait été presque digne d'être une amie, si l'amitié pouvait exister autrement qu'entre deux hommes purs, unis par un intérêt de religion, d'art ou de patrie, dans un prodigieux idéal.

IV

Jean Carion avait parlé trop timidement. Marcelle Rabe était tout à fait digne d'être une amie, et elle en avait une. Toutes les deux nées à Chenove, dans la Côte-d'Or, de parents vignerons, Marcelle Rabe et Suzanne Brunel avaient été élevées ensemble, à Dijon, au couvent des Visitandines. Admirablement choyées et instruites, ce fut le moment heureux de leur vie, qui devait être bientôt troublée par les plus cruelles misères. Sages, travailleuses, robustes, ces deux jeunes filles offraient le type épanoui et heureux de la beauté bourguignonne et semblaient destinées à devenir des mères de famille, bonnes ménagères. Mais le sort, qui se joue des probabilités, en décida tout autrement.

Très peu de temps après qu'elle fut rentrée dans sa famille, Marcelle perdit coup sur coup son père et sa mère. Dans le but d'agrandir et d'améliorer ses cultures de vignes, le vieux Rabe avait emprunté d'assez fortes sommes, et rongé par les hypothèques, par des intérêts toujours grossissants, appartenait aux hommes d'affaires, qui ne firent de sa succession qu'une bouchée. Marcelle avait bien un frère, de beaucoup son aîné, qui lui-même avait prêté de l'argent à son père. Il ne se montra pas le moins acharné et le moins âpre des créanciers. Ruinée, écrasée sous une montagne de papier timbré, dépouillée comme dans une forêt de voleurs, possédant pour tout bien quelques centaines de francs, elle vint à Paris dans le but d'y chercher la fortune et ne la trouva que trop tôt. Elle était déjà une courtisane classée et célèbre, lorsque Suzanne Brunel arriva à son tour dans la ville qui est l'inévitable refuge de tous les déclassés et de tous les malheureux.

Elle y arriva comme sa camarade d'enfance, dont elle ignorait le sort, mais dans des conditions bien autrement tristes. Séduite par un bellâtre de province qui, après lui avoir promis de l'épouser, l'abandonna, s'enfuit lorsqu'elle fut visiblement enceinte, Suzanne dissimula sa grossesse le plus longtemps que cela fut possible. Mais, lorsque enfin elle éclata à tous les yeux, Suzanne se vit sans nul secours au monde, car elle n'avait plus sa mère. Son impitoyable père la jeta à la porte sans même lui permettre d'emporter ses vêtements, et, si elle n'avait eu, cousus dans sa robe, quelques pauvres écus, elle n'aurait pu sans doute gagner Paris.

Elle était très près de son terme lorsqu'elle y arriva. Elle fut reçue à la Bourbe où elle accoucha d'un enfant mort, et quand elle en sortit, vécut misérablement quelques jours du faible secours qui lui fut accordé. Sans doute elle eût été soutenue encore par les aumônes de quelques personnes charitables. Mais fière et d'un généreux sang, elle aima mieux se livrer à toutes les horreurs de l'abandon et de la solitude, succomber sans se plaindre, et dès lors fut une de ces damnées de l'enfer parisien qui n'auront jamais d'historien, car leurs confrères n'écrivent pas l'histoire. Elle marchait au hasard devant elle, en haillons, la tête vide, les doigts de ses pieds sortant nus de ses savates déchirées. Les nuits comme les jours elle allait, s'enfuyait, se traînait, tombait morte de sommeil dans quelque allée ou sous les ponts, se cachant sur les bateaux dans le charbon, découvrant et ramassant des croûtes de pain oubliées, et se désaltérant à même dans l'eau de la rivière. Parfois sous les cieux noirs et pesants, elle errait, comme un spectre d'ombre, sur les talus des fortifications, gelée jusqu'aux os, secourue dans un moment de chance par des voleurs qui lui donnaient une goutte d'eau-de-vie, sans doute prostituée pour des sous dans des moments de fièvre dont ensuite elle ne se souvenait pas.

Une après-midi, accablée, assommée enfin, toute douloureuse comme une plaie, les membres cassés, n'ayant pas mangé depuis si longtemps qu'elle était ivre de faim, Suzanne Brunel marchait dans le faubourg Montmartre, sans s'en apercevoir, traînant ses pieds nus dans la boue du ruisseau. La rue était encombrée de passants affairés, de chevaux, de haquets, de chariots chargés de pierres. Les voitures circulaient cependant, par cet étonnant prodige qui leur permet de se mouvoir dans une mêlée furieuse et dans un tourbillon fou. Le cocher d'un fiacre lancé à toute vitesse, voyant qu'il allait être arrêté, pris dans un encombrement, cria. Mais Suzanne Brunel ne se dérangea pas, continua à marcher de son pas de fantôme, et le cocher furieux, outré par l'entêtement de cette ivrognesse, lui cingla en plein visage un coup de fouet qui déchira la chair et laissa sur elle comme un serpent de sang. La foule s'était amassée, on avait arrêté le fiacre, et déjà les sergents de ville interrogeaient le cocher, qu'ils avaient fait descendre de son siège. A ce moment-là passa un coupé qui ne put aller plus loin et dans lequel était Marcelle Rabe, rentrant chez elle. D'un coup d'œil rapide, intuitif, lucide, dans la malheureuse en haillons, aux cheveux secs, au visage souillé de boue et déchiré par l'affreuse blessure sanglante, Marcelle reconnut son amie d'enfance, Suzanne Brunel. Si vite, si agilement que son mouvement fut à peine vu, elle descendit, parla aux agents, et prenant Suzanne entre ses bras, la mit dans sa voiture. Dès que le rassemblement fut dissipé, les beaux et fringants chevaux de Marcelle s'élancèrent et en quelques minutes elle fut arrivée à l'hôtel qu'elle habite dans la rue de La Rochefoucauld.

Suzanne, exténuée de faiblesse et pouvant à peine parler, avait cependant reconnu son amie.

— Ah! dit-elle d'une voix mourante, c'est toi qui me sauves! et Marcelle la baisa tendrement dans le sang et dans la boue. A l'hôtel, portée dans une chambre gaie et claire, couchée dans un bon lit, sentant sur sa chair meurtrie des draps de fine toile, Suzanne fut tout d'abord un peu réconfortée. Dans de petites tasses du Japon que lui apportait diligemment Marcelle, elle but un peu de bouillon de volaille et ensuite un peu de vin très vieux. Tout de suite elle tomba dans un profond sommeil, et se réveilla seulement trois heures après, toujours déchirée par la faim. Un repas semblable au premier, augmenté seulement d'un très petit blanc de poulet, la calma assez pour qu'elle pût de nouveau fermer les yeux. Cette fois, lourdement, avidement, terrassée dans une prostration animale, Suzanne dormit d'affilée plus de dix-huit heures. Au réveil elle put manger, et seulement quand une nuit se fut passée encore, on put la mettre dans un bain où elle fut lavée, nettoyée, où ses cheveux furent purifiés et peignés avec soin, et de là dans un autre bain tiède et parfumé, où elle ressuscita, se retrouva elle-même.

Chose vraiment remarquable et qui mérite d'être dite, entre les deux femmes ne fut échangée aucune parole vulgaire. Marcelle n'eut pas un mot, pas un clin d'œil qui exprimât la protection, et Suzanne ne dit pas un mot de reconnaissance. Mais chacune d'elles put lire dans les prunelles de l'autre la certitude, l'évidence d'un dévouement absolu que rien ne découragerait et qui ne finirait pas. Au bout de peu de jours Suzanne, belle, fraîche, heureuse, se portait parfaitement bien. Elle était devenue l'image exacte de la Suzanne bonne, instruite et spirituelle dont son amie avait admiré au couvent la droiture et l'âme sensible. Cependant Marcelle ne voulut négliger aucune précaution dictée par la prudence.

Elle alla chez le docteur Maugars, ce savant illustre, qui habitait la maison exactement voisine de la sienne. Très nettement, très simplement, elle lui parla comme à un confesseur et lui raconta les tortures subies par Suzanne Brunel, sans rien atténuer, sans rien omettre, sans appuyer sur rien. Maugars qui, à cinquante ans, après de formidables études connaissait tout, même les femmes, fut frappé d'en voir une qui disait la vérité, et ce scrutateur de consciences reconnut chez Marcelle Rabe l'accent d'une réelle probité.

Intéressé, il promit de venir voir Suzanne Brunel, et y vint en effet au bout d'une heure. Resté seul avec elle, il l'ausculta minutieusement, la fit parler, tousser, l'examina avec le plus grand soin, pour voir s'il ne reconnaîtrait pas les signes de quelque lésion interne. Du premier coup il avait conquis la confiance de Suzanne et l'avait profondément émue, car il n'eut pas ces airs amis et complices que prend le médecin vis-à-vis d'une créature déchue ; il lui parla, non comme on parle à une duchesse, mais dans une très juste mesure, avec le respect qu'on doit à toute femme, uniquement parce qu'elle est une femme.

Marcelle Rabe fut rappelée, et avec l'accent d'une conviction sincère le docteur Maugars lui affirma que Suzanne Brunel était parfaitement bien portante et guérie. Il prit congé et les deux femmes restèrent seules.

— Mon amie, dit Marcelle (et elle mit dans ce mot la plus sérieuse, la plus profonde tendresse,) il faut maintenant nous séparer. Un appartement dont voici la clef et où une voiture va te conduire, a été loué en ton nom dans une maison de la rue Léonie, et agencé, meublé, pourvu des choses utiles. Et, ajouta-t-elle, en tendant à son amie un portefeuille plein de billets de banque, voici la chose indispensable, de l'argent. Ne mêlons pas nos existences, car les camaraderies des femmes sont ignobles. Dans notre vie souillée et bête, nous n'avons qu'un trésor pur et honnête et vrai, sur lequel nous pouvons compter, c'est notre amitié. Ne la traînons pas dans les vilenies auxquelles nous sommes condamnées, car seule, elle nous rendra un peu la sensation de notre saine et fraîche jeunesse. Nous devons donc ne nous rencontrer et nous voir que lorsque nous aurons sérieusement besoin l'une de l'autre.

Les deux femmes, en se quittant, s'embrassèrent comme s'embrassent deux êtres qui vont mourir ; et en effet elles allaient faire pis que de mourir, elles allaient vivre. Suzanne Brunel ne fit que passer dans l'appartement de la rue Léonie et n'eut pas le temps d'en user beaucoup les tentures. A peu de jours de là, on la vit pour la première fois à un souper de viveurs que le comte de Vaurs donnait chez sa maîtresse Pulchérie. Ayant fait la connaissance de Suzanne à un bal de charité donné à l'Hôtel Continental, cette jolie Rouennaise qui se sachant exclusivement aimée ne craint pas de rivales, l'avait invitée, espérant qu'elle serait l'événement et le succès de la fête, et elle ne se trompait pas. Nullement fardée et peinte, sans aucuns joyaux, parée de sa chevelure brune simplement tordue, vêtue d'une robe verte lamée d'argent, qui lui seyait bien et ressemblait aux flots de la mer, Suzanne Brunel, brune et rose, superbe avec ses grands yeux de flamme, parut la plus belle de toutes au milieu de très belles femmes, et excita d'autant plus de curiosité et d'enthousiasme qu'elle était parfaitement inconnue. Les convives se demandaient d'où sortait ce diamant fulgurant dont ils étaient éblouis, faisaient des calculs pour savoir s'ils étaient assez riches pour l'acheter, et ne se doutaient pas qu'un mois plus tôt ils auraient pu la ramasser pour rien, dans le ruisseau.

A ces enchères, comme à presque toutes les autres, ce fut l'Amérique républicaine qui l'emporta, et le grand amateur de tableaux de Rhode-Island, monsieur John Hartford, fut payé d'avance par un aimable sourire, lorsqu'il proposa à Suzanne de lui offrir en bloc l'hôtel, les voitures, les chevaux, les pierreries et aussi l'argent, beaucoup d'argent, (Iago dit avec raison : N'oubliez pas l'argent !) enfin tout le bagage nécessaire à une charmeresse qui fait partie du superflu de Paris à titre de luxe, de fantaisie, d'amusement, d'enchantement, de parure et de joie.

V

Comme l'avait dit Jean Carion, on voyait partout dans les théâtres, aux promenades, sur les boulevards, aux bals de souscription, le jeune docteur Mathis sur les pas de Marcelle Rabe. Il la suivait, la cherchait, la buvait des yeux, s'enivrait de la regarder, si exquise en sa grâce délicate et aristocratique, dont se fût contentée plus d'une honnête femme.

Dans les yeux de Marcelle il voyait des infinis de bonheur et d'extase, et sur ses lèvres le signe glorieux de la résolution et de la force. A l'Opéra il admirait, posées sur le rebord de la loge, ses mains princières à qui obéissait docilement l'éventail. Cependant il ne lui avait jamais parlé, il n'avait jamais entendu le son de sa voix, il ne savait même pas où elle habitait. Et que voulait-il d'elle? Rien. Il l'adorait, lui dédiait toutes ses pensées et tous ses désirs et seulement où elle était, trouvait la clarté de la lumière et l'air respirable. Il savait bien qu'il la connaîtrait, qu'elle serait, qu'elle était déjà mêlée à sa vie, et qu'ils seraient emportés ensemble dans le tourbillon de quelque fatalité. Mais où et quand? Il sentait venir cela comme de loin on sent venir le tumulte et le grondement d'un orage. Mais il ne résolvait rien, ne formait aucun projet, et lequel aurait-il pu former?

Certes, se contenter d'un lambeau de femme, être dans un vil partage l'amant de cœur de la divine créature qu'il n'eût jamais possédée assez quand même elle lui aurait appartenu tout entière, cela il n'y songeait pas, et il en eût repoussé la pensée avec horreur.

Et si elle lui avait dit : Me voilà, viensnous-en, où l'aurait-il emportée? N'ayant pas perdu toute raison malgré sa folie, il comprenait qu'on ne prend pas une des reines parisiennes, ruisselante de diamants, foulant toutes les pourpres, respirant l'encens des louanges, pour l'aller mettre dans une chaumière, quand même il serait possible de trouver la chaumière, devenue désormais une allégorie.

Non, Daniel Mathis ne voulait et n'espérait rien. Emportant partout dans son esprit une vivante image de Marcelle Rabe, il allait vers elle, poussé par une force à laquelle il n'essayait pas de résister. Il la regardait parce que lorsqu'il ne l'avait pas contemplée depuis un ou deux jours qui lui avaient semblé longs comme des années dans une prison, il voyait devant ses yeux un sombre voile d'obscurité et de nuit, et dans sa poitrine, à la place de son cœur qui ne battait plus, sentait s'ouvrir un abîme, le vide affreux d'un gouffre. Ainsi en s'abandonnant à cet amour, qui contenait non pas l'espérance, mais pour l'avenir une douloureuse et tyrannique certitude, Mathis obéissait à la terreur du néant et à l'instinct exaspéré et furieux de la vie.

VI

Mais, peu de jours après sa visite à Jean Carion, son existence fut bouleversée par un malheur qu'il ne pouvait prévoir et à la possibilité duquel il n'avait jamais songé. Tout à coup absente des théâtres, des promenades, des fêtes, de tous les lieux de plaisir que sa présence éclairait et où elle jetait comme un féerique éblouissement, Marcelle Rabe disparut et comme si elle n'avait jamais existé, manqua au ravissement de Paris, qui, sans elle, sembla à Daniel Mathis comme une tombé immense. D'abord assommé par ce coup, il le subit comme les animaux subissent un cataclysme, sans essayer de se garer et de résister. Sans doute il eût pu chercher à comprendre et se renseigner. Il ne le tenta même pas; il fut comme un homme qui est tombé au fond d'un trou et qui y reste.

Égoïstement, il lui semblait que Marcelle Rabe était plus à lui depuis qu'il l'avait perdue, et maintenant, toujours embrassée par sa volonté et par sa pensée, lui appartenait à lui, et non plus au monde de dissipation et de plaisirs qui l'accaparait comme une proie. Et à cette horrible et douloureuse résignation se mêlait, obscur, un sentiment de lâcheté. Qu'il dût un jour tenir dans ses bras et sous ses lèvres la bien-aimée qui, par conséquent, ne pouvait être morte ni partie à jamais, Daniel n'en doutait pas un instant. Mais, sans se l'avouer, sans même s'en douter, il laissait reculer l'instant où Marcelle et lui se retrouveraient, s'uniraient dans un baiser plus délicieux et plus profond que le ciel et où commenceraient pour eux toutes les désolations et les plus affreuses tortures. Ces supplices, il en avait le vif, l'impérieux pressentiment, ou plutôt, pour expliquer mieux ce mot conventionnel : pressentiment, il se les rappelait, il en avait le souvenir clair et distinct, car le temps, ou ce qu'on nomme ainsi, n'étant qu'une illusion de notre esprit, nous pouvons nous rappeler et voir à la lueur d'un éclair soudain les choses futures aussi bien que les choses passées. C'est ainsi que Daniel Mathis revivait déjà les souffrances auxquelles il se sentait condamné, et lorsqu'il mettait la main sur sa poitrine, il y sentait la douleur d'une blessure vive, non encore fermée. Il s'était jeté dans le travail, étudiait, écrivait éperdument, pour retenir et dompter sa raison vacillante, et passait presque toutes les nuits. Un matin, vers huit heures, comme il entassait encore les feuillets près de lui, il vit entrer dans son cabinet, sans être annoncée, une femme calme, résolue, dont le visage convulsé montrait qu'elle avait été frappée par un grand malheur. C'était Suzanne Brunel. Sans répondre au geste qui l'invitait à s'asseoir, elle regarda fixement le docteur Mathis et lui dit :

— Marcelle Rabe est mourante. Elle est morte, si vous ne la sauvez.

Daniel fut agité d'un frisson et devint pâle comme un linge. Mais tout de suite il retrouva sa force parce qu'il le voulut. Il prit son chapeau, et faisant passer Suzanne devant lui :

— Allons, dit-il.

VII

Un peu moins d'un mois auparavant, Marcelle Rabe avait été atteinte d'une fièvre typhoïde. La maladie se déclara avec une extrême violence, et il sembla qu'acharnée sur une créature jeune, dans tout l'éclat de sa beauté et de sa force, elle mettait son orgueil à la terrasser, à la faucher comme une fleur. Marcelle fit appeler le docteur Maugars, qui la réconforta et la rassura, mais seulement dans la mesure du possible, car cette jeune femme, armée d'une clairvoyance absolue et d'une effrayante expérience, était un de ces êtres qui possèdent la certitude et pour qui l'illusion n'existe pas. Il aurait voulu, il voulait la sauver, voyant en elle, de son regard qui planait au-dessus des conventions et des réalités sociales, une femme qui aurait mérité d'être digne d'estime, si elle n'avait été roulée par le flot bourbeux de la vie, comme une pierre dans le ruisseau.

Marcelle sentait que le grand savant était résolu à combattre pour elle; mais un autre secours que le sien était nécessaire. Le médecin ne peut rien s'il n'est pas aidé par des soins de toutes les minutes et si sa pensée n'est pas interprétée, comprise, devinée par des auxiliaires intelligents, patients comme des prisonniers, plus rusés que des Mascarilles et dévoués jusqu'à l'amour. Marcelle Rabe prononça donc sur elle-même les deux mots sacramentels : Aide-toi ! et elle écrivit à Suzanne Brunel cette ligne unique : Je suis en danger de mort, et je t'attends. Suzanne accourut, s'installa dans la maison de Marcelle. Monsieur John Hartford, l'approuvant de vouloir soigner son amie, lui avait laissé pour cela toute sa liberté, que d'ailleurs elle eût prise.

— Mon enfant, lui dit le docteur Maugars, en causant avec elle à voix basse dans un salon voisin de la chambre où dormait Marcelle Rabe, je vous aiderai de toutes mes forces et de tout mon pauvre savoir humain ; mais il nous faut ici un miracle, et c'est à vous de le faire. La médecine sait, devine, imagine ce qu'il faut faire, mais il faut qu'elle soit obéie par une pensée et par une âme.

Soigner un malade, c'est épier son souffle, le tenir sous son regard, lui donner le baume et le calme du silence sans qu'il se sente jamais seul, subir en même temps que lui la soif, la fièvre qui le brûle et savoir aussi bien que lui quel rêve l'effleure de son aile. Si je ne me trompe pas, vous ne serez pas au-dessous d'un tel dévouement, et vous êtes capable de vous compter vous-même pour rien et de vous donner toute.

Certes le vieux Maugars ne se trompait pas. Tout ce que peut faire une mère pour son enfant adoré, Suzanne Brunel le fit pour son amie. Pendant ces nuits et ces longs jours elle ne se déshabilla pas, ne connut pas le sommeil. Elle mangeait et beaucoup, pour se conserver les indispensables forces, mais elle ne voulut, ne désira aucun repos, et les yeux attachés sur la malade, elle l'aidait, la servait, lui parlait avec une douceur délicieuse. Enfin ce qui charma le plus Maugars, c'est que Suzanne, avec génie, sut nourrir Marcelle et pour elle faire couler sous le couteau sur une pincée d'herbes bien préparée le jus entier d'un gigot, chaud et vivant.

Pas un instant son visage ne put laisser deviner une crainte, une inquiétude, et non plus il ne montrait pas ce stupide sourire trop rassuré, qui pour le malade inquiet et soupçonneux est un arrêt de mort. Marcelle dut croire que Suzanne était en effet tranquille et puiser dans ses yeux la confiance.

Et pourtant, en dépit de tous les efforts, la maladie acharnée, irrégulière, procédant par sursauts, devenait de plus en plus grave, échappait à toutes les prévisions, se dérobant, frappant des coups inattendus. Dans la pensée de Maugars ces désordres procédaient aussi d'une cause morale. Une fois terrassée et vaincue, Marcelle Rabe avait été la proie des douleurs, des désolations, des épouvantes amassées depuis longtemps dans son âme. Elle succombait à l'inconsolable chagrin d'avoir été autre chose que ce qu'elle devait être et d'avoir conservé en pleine boue un appétit de saine fraîcheur et de lumière.

Cependant sous la salutaire influence du docteur Maugars et de Suzanne Brunel, il y eut un grand moment d'accalmie. La maladie se déroula logiquement, suivit son cours normal, et la guérison semblait proche, lorsque d'inquiétantes complications survinrent. Marcelle fut en proie à de fréquentes hémorragies, qui ensanglantaient sa charmante bouche et son visage. Et par leur abondance, elles amenèrent un état d'affaiblissement extrême, une torpeur cérébrale considérable et, par intervalles, des pertes de connaissance et des syncopes. Une entre autres, dura si longtemps que Suzanne eut toutes les peines du monde à ressusciter son amie. Enfin Marcelle rouvrit les yeux pour les refermer vite, et retrouva la parole, mais pour articuler difficilement quelques vagues syllabes. A ce moment-là même, Suzanne attendait depuis une heure déjà le docteur Maugars qui était l'exactitude même et qui cependant ne venait pas. En hâte elle envoya chez lui ; mais la femme de chambre qu'elle avait dépêchée revint au bout de quelques instants, bouleversée.

Maugars, frappé d'une attaque d'apoplexie, était mort le matin même.

VIII

Suzanne sentit autour d'elle le néant, le chaos, l'effondrement. Maugars mort, c'était aussi Marcelle morte. Certes, il l'avait dit, lui le grand savant, elle pouvait être sauvée, et il fallait qu'il en fût ainsi ; mais par qui maintenant? Les médecins de Paris sont des trouveurs et de grands inventeurs; ils sont illuminés par ces éclairs qui sur les champs de bataille montrent aux conducteurs d'hommes des combinaisons inconnues et nouvelles, et ils feraient tous les prodiges, s'ils en avaient le temps. Mais voués à soulager, à consoler, à guérir tant de souffrances et de martyres, à Paris ils voient le temps non, comme ailleurs, s'enfuir, mais s'envoler, en les heurtant de son aile fulgurante. Auquel de ces combattants peut-on dire : Voilà la plaine encombrée de héros, de soldats tombés, de mourants qui perdent leur sang par leurs blessures; occupe-toi seulement de mon blessé à moi, et laisse agoniser et mourir les autres. Mais comme Suzanne roulait ces tristes pensées, elle se rappela tout à coup avec l'intuition inspirée de l'amitié ce jeune médecin qui toujours sur les pas de Marcelle la regardait, s'enivrait de la voir, comme un captif regarde un coin du ciel. Celui-là guérirait Marcelle; pour cela il avait tout ce qu'il fallait d'amour, il devait avoir aussi le talent et la science.

Les Parisiens, comme les sauvages, ont les sens assez affinés pour reconnaître l'ami et l'ennemi, et instruits par une expérience qu'ils semblent avoir bue avec l'air, ils croient presque uniquement à l'héroïsme et à la probité de la jeunesse. Le jeune homme n'a pas encore eu le temps de s'assimiler beaucoup de bêtises et de devenir complètement égoïste. C'est pour avoir profondément su cette vérité que Napoléon choisissait des enfants assez braves pour conquérir le monde, et dont il faisait des généraux et des rois.

D'ailleurs en allant trouver Daniel Mathis, Suzanne allait vers un but certain, elle était assurée de faire ce qu'il fallait faire, et au seul regard que le médecin lui jeta, elle comprit à quel point elle avait eu raison de venir..

Lorsque, amené par elle, Daniel arriva

près du lit de la malade, Marcelle dormait. En la voyant si changée, pâle avec des yeux démesurément agrandis et des lèvres violettes, plus belle qu'il ne l'avait jamais vue, mais d'une beauté effrayante et comme immatérielle, le jeune docteur sentit son âme pénétrée de douleur. Et de joie aussi. Oui de joie, car la femme qu'il avait adorée, follement désirée avec des jalousies qui lui mordaient le cœur, la femme embellie d'une splendeur céleste, mais salie par tant de baisers qu'il se figurait avec horreur, cette femme n'existait plus, et déjà s'était posée sur elle une main de glace.

Elle vivrait pourtant, car lui Daniel le voulait, il ne l'abandonnerait pas aux anges de la mort; il irait chercher et reprendre dans les enfers sa pâle Eurydice, et il la ramènerait à la douce clarté du jour. Mais alors, elle ne serait plus elle-même, elle serait une autre, purifiée dans la nuit de toutes les souillures; elle n'appartiendrait plus qu'à lui, son époux, son amant, son créateur, qui aurait à nouveau façonné son argile et qui l'aurait ressuscitée de son souffle et animée à une étincelle de sa propre flamme.

La première fois que, tranquille, bien éveillée, ayant sa connaissance, Marcelle Rabe vit Daniel assis au chevet de son lit, près de Suzanne, elle n'éprouva aucune surprise, sembla penser qu'il devait être là, savoir qu'il y était, et ne s'étonna pas de voir le jeune homme lui tâter le pouls, l'ausculter, la regarder avec la plus tendre sollicitude.

Elle répondit sensément et doucement aux questions nécessaires que lui adressait Daniel. Lui pourtant, ne montrait pas d'inquiétude sur son visage, parce qu'il ne le fallait pas. Et il n'en éprouvait pas en effet, car il voulait trop ardemment sauver Marcelle pour ne pas être certain qu'il la sauverait; mais, comme un bon Normand, il dépensait toute sa force, toute son adresse, toute son ingéniosité, tout son sang-froid, dans le long et terrible duel avec la mort.

Et il n'avait pas affaire à un faible adversaire. L'implacable lui disputait la chère proie lambeau à lambeau, et des deux côtés l'effort était le même. Marcelle douce, reconnaissante, s'appliquant à obéir, était une très bonne malade quand elle se possédait, pouvait être maîtresse d'elle-même. Mais des crises survinrent, avec cris, délire, convulsions. Alors elle n'avait plus la connaissance du monde extérieur. La mémoire s'effaçait, et dans l'être de Marcelle dédoublé il y avait encore une victime des anciens désespoirs qui avec horreur fuyait le réveil, et quand la douce et obéissante femme voulait bien guérir, résistait, elle, et ne le voulait pas. Le délire devint habituel, et c'était un état de manie, de profonde mélancolie, allant jusqu'à l'hébétude et à la stupeur. Contre ces dépressions d'une vie lassée, qui cherchait l'anéantissement, l'oubli, l'éternel sommeil, nul remède matériel n'eût été efficace. Ce fut l'ardente volonté de Mathis, la tendresse de Suzanne Brunel, acharnée, patiente, fraternelle, qui en triomphèrent. Peu à peu, sous leurs influences unies, ces phénomènes effrayants disparurent ; Marcelle retrouva sa force, sa résignation, sa beauté et redevint elle-même.

Si Suzanne ne quitta pas son amie, resta près d'elle, l'accompagna dans les premières promenades en voiture qui, pour la convalescente, furent délicieuses, en revanche, Mathis n'avait plus de bonne raison pour être là à toutes les heures. Il fallut bien que, chassé à regret, il retournât à ses malades, à sa vie d'étude, à son quartier Saint-Germain qu'il n'avait jamais quitté ; car, depuis le temps où il était interne à la Charité, il avait gardé toujours le joli appartement qu'il occupait alors dans la rue

Jacob. Mais aussi souvent que la discrétion le lui permettait, que sa visite pouvait être avec vraisemblance celle du médecin, il courait chez Marcelle, envolé comme une flèche, traversant Paris si rapidement que son impatience ne lui eût pas permis d'aller en voiture.

Il s'asseyait, examinait, interrogeait la malade heureusement guérie, puis, à ce qu'il croyait, lui parlait de choses indifférentes. Et, en effet, le thème était bien cela, et Mathis, plein d'esprit, Parisien jusqu'au bout des ongles, pouvait captiver ses auditeurs à propos de n'importe quel sujet. Mais ce dont il ne s'apercevait pas, c'est que son regard, sa bouche avide, sa main frémissante n'étaient nullement d'accord avec ses paroles. Un jour, à la prière de Marcelle, il lui racontait ses projets, ses études passionnantes, les recherches dont il était occupé; mais, sans qu'il le sût lui-même, il était brûlé et dévoré par la passion, fièvre de délire et d'amour qui s'était emparée de tout son être. Tout à coup Marcelle Rabe éclata en pleurs; ses larmes tombaient si abondantes, si pressées qu'elle ne pouvait parler. Interrogée, suppliée par Mathis, qui vainement cherchait à la consoler, elle pleurait encore plus fort, avec de profonds sanglots. Puis, lasse enfin, brisée, et regardant son jeune sauveur avec une douleur immense, avec une fraternelle et profonde pitié :

— Hélas! vous m'aimez, dit-elle.

IX

Daniel Mathis eut un mauvais, un méchant regard. Ce regard, Marcelle le vit, le saisit au passage.

— Ah! dit-elle, vous avez dans la pensée

et sur les lèvres le mot affreux : ingratitude; mais, par égard pour vous-même, ne le prononcez pas. Vous avez cru que je voulais vous refuser ce corps, cette guenille, cette chair tant de fois hideusement vendue. Non, il est à vous, vous le prendrez où et quand vous voudrez, et vous pouvez en user à votre fantaisie et à votre plaisir. Ce que je vous refuse, hélas ! c'est ce que vous attendez de moi et que je n'ai pas : de l'amour, parce que le cœur d'une courtisane n'en produit pas, et il n'est au pouvoir de personne que ce qui a été pourri renaisse et redevienne vivant. Sachez-le, pour vous, je consentirais avec joie que ce misérable corps fût tenaillé, déchiqueté en petits morceaux, et je mordrais avec ravissement du fer rouge. Vous m'aimiez, hélas ! et moi qui vous voyais partout sur mes pas, moi qui toute jeune ai vécu assez pour tout savoir, j'avais deviné ce que vous serez et ce que vous êtes, et j'adorais sur votre front le signe du génie. J'avais rêvé de vous donner non l'amour, qui n'existe qu'entre des êtres purs, mais un dévouement obscur, obstiné, que vous n'auriez même pas connu, et pour vous éviter un petit ennui que vous ne sentirez même pas, je me serais jetée sous la roue d'un chariot. Ah! si les têtes n'étaient pas barrées par le songe, par le vain fantôme de l'irréalisable amour, on comprendrait ce que c'est, une femme qui vous appartient, non par le vil lien de la chair, mais par ce qui reste en elle de vrai, de pur et d'humain, et qui vous adorerait dans les maux et dans les épreuves.

— Non, dit Mathis, ne m'offrez pas votre amitié; j'ai trop souffert, je vous désire trop follement pour accepter la froide affection et le calme dévouement d'une mère. Ni cela, ni votre corps jeté comme un don de pitié et comme une proie. L'amour est contagieux et je veux que vous m'aimiez. Vous aviez peur que l'affreux mot ingratitude ne me vînt sur les lèvres. Non, vous vous trompiez, vous ne me devez rien et je ne puis vous trouver ingrate. Vous pouvez me refuser cette main que je vois encore frêle et blanche comme la maladie l'avait faite, ces lèvres qu'appellent désespérément mes baisers, ces yeux sans lesquels il n'y a pour moi ni jour ni lumière.

— Je ne vous refuse rien de ce qui est à moi, dit Marcelle Rabe. Don ou proie, mon corps est à vous, et en vous appartenant, ne se consolera jamais d'être une chose banale et avilie. Prenez-le quand il vous plaira. Ce que j'aurais voulu, c'est éviter entre nous le mensonge de l'amour, que je ne puis inspirer et que vous ne pouvez ressentir pour moi, si nous voulons voir en face la vérité. Mais avoir la prétention d'être sincère, c'était pour moi trop d'orgueil, et un tel privilège n'appartient pas à la misérable fille que je suis.

— Je ne comprends rien à tout cela, dit Mathis, je vous aime, et de vous je veux tout, le corps, l'âme, le désir, l'amour, et tout ce qui est vous, puisque je vous adore toute!

— Vous aurez donc tout, dit Marcelle Rabe, excepté que je ne vous aime pas et que je ne dirai pas : Je vous aime. Et demain j'aurai eu le temps d'apaiser ma douleur, d'éponger mes yeux rougis, et pour une fois, du moins, vous pourrez caresser, tenir dans vos bras la marchande d'illusions que j'aurais voulu ne jamais être pour vous. Après, je parlerai, je vous dirai tout, je vous verserai la vérité vivante, et nous verrons si vous êtes digne de brûler votre bouche dans le flot de cette liqueur amère.

X

Le lendemain, à une heure déjà tardive, car elle l'avait voulu ainsi, Marcelle Rabe reçut Daniel dans un boudoir qui, depuis longtemps, n'avait pas été ouvert et qui donnait sur sa chambre à coucher. On y marchait sur un tapis épais, d'un rose très pâle, semé de quelques fleurettes, et les murs y étaient tendus d'une étoffe de soie représentant l'eau transparente avec des roseaux et des iris. Un divan très bas et des coussins jetés partout pêle-mêle charmaient les yeux par des couleurs vives et tendres, associant et mêlant leurs délicates harmonies.

C'était un soir d'automne, déjà un peu froid; dans la cheminée de bois finement sculpté brillait un feu clair devant lequel Marcelle était debout, vêtue d'une robe orientale et parée de bijoux barbares. En entrant, Mathis l'admira, mais avec un prodigieux éblouissement, et comme s'il l'eût vue alors pour la première fois. Elle était bien telle qu'il l'avait si longtemps cherchée, poursuivie avec des yeux d'amant, mais encore plus jeune, mille fois plus belle, comme transfigurée. Rien ne restait plus en elle de la malade dont les yeux et les lèvres s'éteignaient tristement pour se fermer à jamais.

Marcelle avait retrouvé ses caressantes prunelles de flamme, sa peau dorée et fauve, sa chaude pâleur, ses lèvres embrasées, son épaisse chevelure. Elle fit asseoir Mathis sur des coussins, et, penchée vers lui, lui jeta ses bras autour du cou, lui baisa les lèvres et les yeux. M'aimez-vous? demandait Daniel fou de désir et d'espoir; mais c'était une question à laquelle Marcelle Rabe ne répondait que par le silence et par de nouveaux baisers, car le jour où elle y répondrait sincèrement ce serait de façon à désoler son ami. Mais elle ne pouvait pas être embarrassée par la nécessité de parler ou de se taire, parlant cette langue des caresses, d'autant plus éloquente et persuasive qu'elle est silencieuse. Daniel, éperdu, emporté dans un tourbillon de ravissements, n'assistait plus à ses propres actions. Il ne sut pas comment il se trouvait dans le grand lit de satin, couché à côté de Marcelle souriante, câline, dont le sein dur et froid sortait brun des blancheurs de la chemise.

Les sensations qu'éprouva Mathis, il ne les connaissait pas, ne les avait pas même soupçonnées. Les ardeurs d'une jeune épouse récemment initiée à l'amour, la pudeur et la chasteté de la vierge, la science inventive de la courtisane dissimulée et voilée par sa perfection même, Marcelle avait tout cela, et le désir se renouvelait près d'elle, comme une source que rien ne peut tarir. Pas une minute le sommeil ou la fatigue ne l'avait saisie.

Toujours ses lèvres inépuisées enchantaient et caressaient Daniel; et lui, il se sentait devenu un autre être, destiné à mourir toujours, sans apaisement et sans lassitude, dans le tourment délicieux de la tyrannique volupté. Parfois dans les intervalles des baisers, il parlait, louait Marcelle Rabe en mots enflammés, faisait mille projets de vie à deux qu'il lui racontait, et lui disait aussi avec une tendresse exaltée et reconnaissante : M'aimes-tu? Mais Marcelle ne répondait rien, lascive, amoureuse et folâtre dans le voile brun de sa chevelure dénouée. Au matin, cependant, un tranquille sommeil ferma ses yeux. Elle s'endormit, calme, semblant heureuse, respirant doucement. Comprenant qu'elle avait besoin de repos, et qu'il fallait la laisser à elle-même, Daniel Mathis s'habilla à la hâte, et sortit, si heureux qu'il ne restait rien en lui des chagrins passés et des douleurs anciennes.

Pour regagner son quartier, dans la fraîcheur matinale, il traversa Paris à pied d'un pas si rapide, que l'espace s'enfuyait devant lui. Il se sentait léger, résolu, plus fort que les événements, et il avait chaud au cœur.

Ainsi Marcelle avait menti, et elle l'aimait; pouvait-il en douter après l'avoir tenue dans ses bras, folle, vaincue, amoureuse?

Elle l'aimait, et elle avait mieux fait que de l'avouer, elle l'avait prouvé avec toute la furie de sa chair et avec toutes les ardeurs de son sang. Ainsi ils pourraient être l'un à l'autre, ne plus se quitter, vivre ensemble et savourer ce qui vaut mieux que tout. Jadis peut-être elle avait été une créature qui se vendait, qu'on achète. Mais, quoiqu'elle fût toute jeune, il y avait déjà si longtemps de cela ! Et d'ailleurs était-ce vrai : Daniel ne voulait plus que ce fût vrai, il effaçait ce passé odieux, ce mauvais rêve, et que n'efface pas, que ne lave pas l'onde salutaire d'un sincère amour ! Daniel, qui avait le bonheur d'avoir encore ses parents, comprenait bien que Marcelle ne serait pas sa femme et ne pouvait l'être ; il comprenait bien aussi qu'une liaison avec elle, évidente, avouée au monde, serait la ruine et la fin de ses travaux scientifiques et de toutes ses espérances. Mais alors, par un blasphème abominable, il se reniait, foulait aux pieds son passé, son avenir, tout ce qu'il avait voulu et rêvé, se disant qu'il voulait bien être un renégat de la science jusqu'alors adorée et que rien n'était rien et ne valait un regret, pourvu qu'il possédât Marcelle.

Mais un doute affreux l'étreignait. Pendant cette inoubliable nuit où il avait savouré les plus suaves délices et où il s'était senti extasié dans l'anéantissement, vingt fois il avait demandé à Marcelle Rabe : M'aimez-vous? et jamais elle n'avait répondu à cette question où tenait toute son âme. Mais ces mots divins : Je vous aime! qu'il avait sollicités et espérés et n'avait pas entendus, peut-être que Marcelle Rabe les réservait, les dirait plus tard, et alors leur virtuelle magie dissiperait toutes les brumes. Daniel avait envie de courir vers elle, de retourner rue de La Rochefoucauld ; mais enfin, sa folie d'amant ne pouvait détruire en lui toute bonne éducation et il comprit qu'il devait attendre du moins quelques heures.

Il rentra bien chez lui ; mais chez lui, ce n'était plus nulle part. Depuis qu'il avait concentré et borné sa vie au chevet de Marcelle Rabe, il n'avait plus fait que de rares et courtes apparitions dans le joli entresol qu'il habitait rue Jacob, près de la Charité. C'est là qu'il s'était installé après avoir terminé son internat, et passé sa thèse de la manière la plus éclatante. Grâce à la protection de son maître, le célèbre professeur Chartier, il avait eu d'abord quelques malades. Et il avait soigné aussi des amis, comme Carion, et des pauvres à qui le dénonçait sa réputation de générosité, déjà faite.

Il rentra donc ; mais sa maison dont ses plus chers camarades avaient oublié le chemin était vide avec ostentation, comme celles où il ne vient personne. Quoiqu'un domestique rêveur y essuyât tout avec un soin négligent, les livres et les papiers étaient rayés de poussière et rien ne connaissait plus Daniel. Rien d'exilé comme un Parisien qui, pendant un temps, a délaissé ses occupations et son domicile. Il est alors seul avec une intensité extraordinaire, car sa solitude s'augmente de tous les bruits, et de la foule qui grouille dans Paris, avec son immense murmure.

Daniel lut ou parcourut les lettres qui l'attendaient, voulut répondre aux plus urgentes, et y renonça avec tout le dégoût qu'éprouve un amoureux, au moment d'écrire des lettres non destinées à sa maîtresse. Puis il fit une longue promenade sur le boulevard Saint-Germain, déjeuna au café Caron, et de nouveau rentra chez lui, où il se flattait d'ajouter quelques feuillets au livre qu'il écrivait alors. Mais son livre, comme tout ce qui était sa vie morale, l'avait abandonné, et lui-même n'en reconnut ni l'audacieuse et féconde pensée, ni le style. Daniel n'avait plus à lui aucune idée, si ce n'est celles qui se rapportaient à Marcelle, et c'est seulement pour les exprimer qu'il savait et se rappelait des mots. Comme dit Balzac, l'amour ne produit rien et ne peut avoir d'autre but que lui-même, et ce créateur, déchu de toute force créatrice, put alors en faire violemment l'expérience.

Après cette matinée et ce commencement d'après-midi, épouvantablement longs, dépensés à ne pas exister, à être absent de lui-même, le jeune docteur, accablé et dévoré par une implacable solitude, atteignit à grand'peine quatre heures. S'étant minutieusement paré, ayant fait une toilette d'amant, il prit un fiacre devant Saint-Germain-des-Prés et se fit conduire chez Marcelle. Il la trouva assise dans une petite bibliothèque, sérieuse, un peu triste, et n'ayant plus rien de la femme riante qui avait été l'enchantement de la nuit divine, si vite envolée. En la voyant froide, très résolue cependant, comme séparée de lui par quelque invisible obstacle, il sentit douloureusement que le moment n'était pas venu d'obtenir d'elle l'aveu si ardemment souhaité. Mais comme il obéissait à quelque chose de plus fort que lui, poussé par un cruel démon, il ne put s'empêcher de dire encore une fois ces paroles imprudentes :

— M'aimez-vous ?

— Non, dit Marcelle.

Un voile passa devant les yeux de Daniel qui s'injectèrent de sang. Ce fut douloureusement et d'une voix étouffée qu'il ajouta :

— Alors ces baisers, ces caresses que vous m'avez donnés, vous n'en partagiez pas l'ivresse avec moi. C'était une comédie et un mensonge.

— Oui, dit Marcelle, c'était une comédie et un mensonge, car, en fait d'amour, je n'ai rien de mieux à donner. Mais je te veux heureux, libre, justement honoré, débarrassé de moi ; et si jamais mon dévouement, toutes mes minutes employées à te servir et le don de ma vie, que je compte pour rien, pouvaient t'être utiles à quelque chose, tu comprendrais que je t'aime autrement et mieux que comme une femme amoureuse.

— Eh! dit Daniel désolé, ce que vous me refusez est précisément ce que je veux!

— Je te refuse, dit Marcelle, ce que je ne puis donner et que je n'ai pas. Une légende hongroise raconte qu'avant de séduire l'homme dont elle doit aspirer la vie et boire le sang, la femme vampire est tenue de se démasquer pour lui, de lui dire ce qu'elle est et de lui avouer ses horribles secrets. Moi aussi, je devrais me confesser à toi et te faire voir mon hideux passé. Mais je m'en garderai bien ; parce que lorsqu'un homme est la proie d'un indigne amour, toutes les monstruosités de l'objet aimé, lorsqu'il les apprend, exaspèrent et augmentent cet amour, comme une plaie qui toujours grandit et se creuse.

— Ah! dit Mathis, jamais je n'apprendrai à propos de vous rien de pareil; car vos yeux fiers et limpides, vos lèvres franches, tout l'ensemble de votre visage sincère ne vous affirme-t-il pas probe et loyale ?

— Pour une femme, dit Marcelle, il y a plusieurs façons d'être loyale et déloyale, et une de mes pareilles peut être une brave, une honnête femme et même une héroïne, — à l'amour près. Car, dès qu'il s'agit de l'amour, nous sommes capables et coupables de toutes les vilenies. Non, je ne te ferai pas ma confession, mais je te ferai à la fois celle de toutes les courtisanes et je tenterai pour toi la chose impossible : je te dirai la vérité ! Pour un homme qui a gardé l'honnêteté et le respect de soi, il n'y a pas de plus grand malheur que d'aimer une courtisane. Qu'elle le veuille ou non, elle mentira et trahira à chaque minute. Ne lui demande pas : As-tu appartenu à tel vice ? As-tu commis tel crime ? Tel homme a-t-il été ton amant ? Oui, ce vice l'a salie de sa boue. Ce crime elle l'a commis, et cet homme auquel tu penses, quel qu'il soit, a été son amant.

— Mais, dit Mathis, l'amour ne peut-il tout laver et tout renouveler ?

— Quoi, dit Marcelle, tu parles ainsi, toi savant ! Rappelle-toi comment procède la nature qui, sans effort, produit en un instant mille milliers d'existences, mais qui, en y employant toutes les éternités, ne ferait pas revivre une chair pourrie et morte. Non, la Marion du poète et la Courtisane amoureuse sont des créatures chimériques. En réalité, il faut que la courtisane trahisse et mente et soit infidèle à chaque minute.

— Mais pourquoi? dit Daniel en baisant la main de son amie, si hardie et loyale.

— Écoute, dit Marcelle Rabe, et tâche de comprendre. Pourquoi ? Pour toutes sortes de raisons dont n'importe laquelle suffit à créer une nécessité inéluctable. Prenons la plus basse et la plus impérieuse. Ne faut-il pas qu'en lui racontant n'importe quelles fariboles, la fille arrache à son amant un billet de mille francs, pour pouvoir acheter une paire de bas de sept francs, que sans cela elle n'aurait pas ! Mais pour exécuter cette ignoble comédie, peut-elle être elle-même, sincèrement ? Pas du tout. Car toujours, sans exception, l'acheteur de chair humaine aime, nullement la femme qu'il croit aimer, mais un être purement conventionnel, qu'il a inventé, amalgamé, d'après les types connus et les lieux communs ayant cours. Il faut donc que la courtisane se modèle sur ce poncif et devienne le fantôme masqué, la figure mensongère, à qui l'argent ne sera pas refusé !

— Tais-toi, tais-toi, dit Mathis. N'es-tu pas libre, délivrée, affranchie du passé, redevenue toi-même ?

Marcelle secoua la tête, avec une expression affreusement résignée.

— Que cette comparaison, dit-elle, me soit pardonnée ! La qualité de courtisane est indélébile comme celle de soldat et celle de prêtre. Suppose-la riche, heureuse, libre. On peut avoir oublié son passé; mais elle ne l'oubliera jamais et ne l'a pas oublié. Elle a toujours dans son cœur l'amas de vieux fumier qui l'empuantit et l'empoisonne. Comment toutes ses amours ont fini, avec quels dégoûts, avec quels rancœurs, avec quelles ignominies, voilà ce qu'elle se rappelle à chaque instant et sans cesse. Pour atténuer un peu cette sensation ignoblement douloureuse, il n'y a qu'un remède, c'est le commencement toujours sincère, naïf, ingénu d'un nouvel amour. Cela seul rajeunit la courtisane, mais pour un si court moment! Car lorsque commence pour elle, délicieux, ce nouvel amour, elle prévoit, elle ressent d'avance les angoisses qui le termineront. Tout en adorant désespérément son amant le plus récent, avant qu'un jour se soit écoulé, pour ne pas mourir d'ennui et de honte auprès de lui, elle a besoin de le trahir et de se tromper elle-même, en savourant avec un autre homme un nouveau recommencement d'amour.

— Ah ! dit Daniel, c'est l'enfer !

— Oui, dit Marcelle Rabe, et ceux-là seuls peuvent en parler, qui en reviennent ! Toute fille de joie subit à un degré encore plus aigu la maladie dont souffre le comédien. Il faut que sans repos, sans trêve, sa beauté, qui est son gagne-pain, son honneur, sa gloire, son prétexte unique de ne pas se briser la tête sur le pavé, soit affirmée par une admiration nouvelle, par le succès recommençant toujours, ne s'arrêtant pas. Sans cela la courtisane ne croirait plus qu'elle est belle, et se vomirait, ne voyant plus que la laideur de son âme !

— Mais, dit Mathis, que faut-il faire ?

— Il faut me fuir, dit Marcelle Rabe, et fuir mes pareilles. Travaille, étudie, revois ton maître Chartier qui t'aime, et qui est assez savant pour plaindre tous les genres de folie, même la bêtise. Retourne à l'hôpital, soigne des pauvres, guéris ou soulage des malades ! Ce qui est sain pour toi, ce sont les blessures, les plaies, c'est l'haleine de la fièvre et l'odeur du pus ! Tu as le malheur de m'aimer ; et qui te plaindrait plus que moi ? Et ce n'est pas dans le délire d'un autre amour que tu trouveras l'oubli de celui-là ; car le souvenir du mien suffit à les empoisonner tous. Certes, tu me désireras encore et cela est impossible autrement, et je te l'ai dit une fois pour toutes, ma vile chair t'appartient. Viens donc la prendre, quand tu la voudras, quand il te la faudra, quand tu ne pourras plus te passer d'elle ; mais le plus tard possible, et si tu le peux, jamais !

— Je t'obéirai, dit Daniel Mathis, mais je ne puis rien croire de ce que tu me dis. Je sais que tu mens, que tu te calomnies, que tu n'es pas celle dont tu parles, et qu'il y a en toi des trésors d'honnêteté et de justice.

— Ne rêve pas, dit Marcelle Rabe. Puis se levant et baisant Daniel au front avec une tendresse infinie :

— Adieu, dit-elle.

XI

Daniel Mathis obéit à Marcelle, mais trop ardemment, trop fiévreusement, pas bien. Le devoir n'est pas un pis aller, et veut qu'on se donne à lui, non par dépit ou par désespoir ou par haine d'autre chose, mais résolument, patiemment, d'une façon tranquille et suivie. Toujours dans son cabinet, courbé sur ses livres et travaillant, la plume à la main, ou au chevet des malades, étudiant le mal ou pratiquant quelque opération sanglante, ce qu'il voyait, ce qu'il cherchait des yeux, c'était l'adorée Marcelle, et il s'acharnait à un problème impossible, à celui d'animer cette Galatée, de ressusciter cette morte. Au fait, que voulait-il?

En son hypocrisie, il s'y trompait, se figurait qu'il voulait la renouveler, la créer à nouveau dans les sources vives de l'amour. Il s'y trompait, mais à moitié seulement ; et au fond, quand il s'interrogeait sincèrement, regardant sa pensée en face, il était forcé de se l'avouer, ce qu'il aurait voulu ç'aurait été que Marcelle consentît à mentir pour lui donner un lâche bonheur, et effaçât effrontément le passé en feignant qu'il n'avait existé jamais. Il avait envie d'aller se plaindre à elle et lui crier merci ; et cependant, il n'osait pas, comprenant combien cela eût été absurde. Car enfin, sur ce point, elle avait été parfaitement nette et franche. Elle ne lui refuserait pas, ne lui refuserait jamais sa chair, ses baisers, ses caresses. Ce qu'elle lui refusait, c'était la femme qu'elle n'était pas ; c'étaient les espérances qu'elle n'avait pas et ne pouvait pas avoir. Cependant, comme il avait absolument besoin de se plaindre, Mathis alla chez Jean Carion où, une fois pour toutes, l'ordre avait été donné qu'on le fît entrer toujours dès qu'il se présenterait. Le peintre qui travaillait — naturellement ! avait en face de lui son modèle Quaranta, tenant un pic élevé dans l'air, comme si d'un grand effort il allait frapper sur la pierre dure.

— Cher ami, dit Carion à Mathis, allume une pipe ! Mais ne me dis rien, j'en suis à un moment difficile. Je termine la sacrée tête du casseur de cailloux, et il faut y mettre — tu sais quoi. Tout bonnement la résignation indélébile et la féroce bravoure, c'est-à-dire : le génie !

— Eh bien, dit Mathis en se levant, je reviendrai ce soir, demain, quand tu voudras ; car au contraire, je viens pour te parler, j'ai trop de choses à te confier et il faut que je te les dise.

— C'est inutile ! dit Carion, et crois-tu donc vraiment que le bruit de la parole humaine m'empêche de peindre une tête ! Mais je la peindrais au milieu du bombardement furieux des mitrailleuses et pendant les hurlements des canons et des tonnerres. Ne parle pas, car c'est inutile, et surtout ne me force pas à tenir des discours ! Le verbe n'est pas mon outil, et s'il n'y avait que la littérature et moi, le monde serait bientôt fini. J'essaye de dessiner, quand je peux ! mais pour les autres et pour moi, l'éloquence fidèle que je préfère à toutes les autres est celle du nommé Silence !

— Ah ! dit Mathis, je croyais que tu aurais eu une meilleure pitié de moi, car mon cœur se brise.

— Mauvaise image ! dit Carion, surtout pour un physiologiste. Et le père Ingres lui-même ne l'aurait pas rendue claire, en la dessinant avec un crayon. Mais écoute, je sais par cœur toute ton historiette, et il est superflu que tu me la racontes. Suzanne Brunel, pour qui Marcelle n'a pas de secret, est mon amie. Elle m'a rendu un immense service en me posant gracieusement une Sémiramis, qui dépassait l'envergure de mes modèles. Ainsi, je suis au courant de tes folies et de tes enfantillages. Tu sais si je t'ai fraternellement aimé. Eh bien, sur ma parole, je crois que je ne t'aime plus.

— Toi! s'écria douloureusement Daniel.

Cette fois, Carion posa décidément, sur un meuble, sa palette et ses brosses, et fit signe à Quaranta qu'il pouvait se reposer.

— Oui, moi, dit-il. Écoute. Dans ce triste duel, il y a une femme, qui est toi, et il y a une âme virile, un courage d'homme : c'est Marcelle Rabe. Ah! tu l'as soignée, tu l'as guérie, tu lui as sauvé sa peau, et généreusement tu la lui demandes en payement; est-ce qu'elle te la refuse? Mais toi, tu ne t'en contentes pas, et ce que tu veux, c'est que Marcelle Rabe te donne la peau d'Agnès ou de Théodore vierge et martyre ! Tu veux boire la rosée dans le brasier fumant et cueillir des fleurettes sur la lame nue de l'épée. Ça n'est pas intéressant. Possède Marcelle, puisqu'il te plaît ainsi, donne-t'en à cœur joie, soûle-toi d'elle, mais ne lui demande pas de mettre un tablier de soie changeante et de courir après les papillons !

— Tu m'accables, dit Mathis, et tu te railles d'une douleur sincère. Et pourtant toi, un homme supérieur, un grand artiste, ne devais-je pas penser que tu comprends tout ?

— C'est selon, dit Carion. Je ne comprends pas le casseur de cailloux qui s'arrête de casser ses cailloux pour se déguiser en svelte pèlerin de Wateau et soupirer aux pieds de Cidalise. Tu es entré magnifiquement dans la vie. En ce temps si grand par la science, tu en avais l'amour, l'appétit, le désir exalté. Tout ce que tes maîtres et tes devanciers ont su, tu le savais, et déjà l'expérience t'enseignait d'autres secrets; et que ne devinais-tu pas, avec ton intuition puissante, et ton ardeur à interroger la vie et la mort? Daniel, je te l'ai dit la première fois que tu m'as parlé de ton fol amour, nous sommes de Paris et nous sommes nous-mêmes Paris, c'est-à-dire ceux qui, pour le monde entier, veulent, cherchent, travaillent, créent et comptent pour rien la joie matérielle. Et toi, tu aurais été un des plus braves soldats de cette armée, et tu désertes, tu abandonnes ton drapeau envolé et sanglant, pour t'en aller à la recherche du bonheur. O toi qui fus mon ami, le mot bonheur doit être pour nous un substantif dépourvu de sens; car nous sommes là, non pour nous amuser, mais pour sauver, guérir, éclairer et même amuser les autres. Tâchons d'avoir fait notre état, d'avoir bien cassé nos cailloux; et périsse la guenille !

— Oui, dit tristement Daniel, tu as raison. Tu n'admets aucune faiblesse. Tu as un cœur de héros. Moi, je suis un simple Curiace; tu as beau me renier, je te connais tout de même. Et enfin les insensibles Gœthe, les Dupuytren orgueilleux me causent plus de peur que d'envie. Et, tu as beau dire, je crois qu'on peut se dévouer, secourir l'homme en proie au mal, aux défaillances, aux horreurs, et souffrir tout de même comme lui, avoir un cœur, sentir des frissons humains, dût-on indigner ceux qui disent : La passion t'a dompté, tu es malheureux, je ne t'aime plus.

— Eh! si, bête, je t'aime encore, dit Carion, qui se jeta au cou de Mathis et l'embrassa. Mais, tonnerre du diable! souviens-toi que tu es un chirurgien, et, s'il le faut, taille et brûle dans ta propre chair. Il est triste d'avoir une blessure et une plaie ; mais il y a encore quelque chose de cent fois plus triste, c'est la sentimentalité et la romance!

— Au revoir, dit Mathis en se levant; je tâcherai d'être digne de toi.

— Et de toi-même, dit Carion. Mange et dévore le serpent, et alors tu seras assuré qu'il ne te mangera pas!

Et, comme Daniel sortait, le modèle Quaranta le regarda d'un air de pitié, avec son vieil œil de monstre.

— Jeune, dit-il.

— Oui, dit Carion, en étendant la main vers sa palette et en faisant signe à Quaranta de reprendre la pose.

A ce moment entra Aurélie, à l'heure exacte que le peintre lui avait assignée. Elle alla sous une sorte de tente, formée par des tapis orientaux, où elle se déshabilla. Puis elle revint, et nue comme un ver ou comme une déesse, elle fuma silencieusement une cigarette, en attendant qu'on eût besoin d'elle.

XII

Je tâcherai, avait dit Daniel avec conviction; mais il ne pouvait pas réussir, il ne pouvait pas même essayer avec quelque succès. En effet, jusqu'à ce qu'il ait jeté cette gourme de l'amour qui, même chez certains hommes de génie, ravage le commencement de la vie, il n'avait pas l'âpreté du travail qui domine tout, et il parcourait, avec trop peu de force de résistance, la période sentimentale. En proie à une possession qui annihilait en lui le libre arbitre, il eût été perdu sans retour si Marcelle Rabe n'avait eu de l'énergie, du bon sens et de la sagesse pour deux. Ainsi qu'elle le lui avait promis et prouvé, elle ne lui marchandait pas sa belle chair ni son amitié robuste et tutélaire, dont, stupidement, Daniel ne faisait nul cas. Mais au delà elle lui refusait tout, nettement, obstinément, brutalement. Ce qu'elle lui refusait, c'était le mensonge, les promesses fallacieuses, le rêve de l'impossible, en un mot, tout ce qui aggrave, envenime, rend mortel et inguérissable le mauvais amour. Car il y en a un mauvais, celui qui, à jamais condamné au soupçon et à la méfiance, s'exaspère, et en même temps, s'augmente par la jalousie des choses passées et irrémédiables, de même que par la jalousie des choses futures. Pour sauver l'âme de l'amant, déjà contaminée, c'est à cela qu'il faut parer surtout. Marcelle n'y manquait pas, car elle ne manquait à rien, prévoyait tout et agissait avec une logique impeccable.

D'abord, dans sa maison, toujours ouverte à Daniel Mathis et où, à n'importe quelle heure de jour ou de nuit, il pouvait entrer et dire : Je te veux, elle ne recevait personne, afin qu'il ne pût imaginer, même follement, un prétexte pour être jaloux. Cependant, tout en vivant chaste, absolument chaste, au pied de la lettre, elle se gardait bien de le dire à Daniel et de s'en vanter près de lui. Car il aurait pu prendre cette chasteté pour une fidélité — qui eût supposé la fiction à laquelle Marcelle Rabe ne voulait pas consentir, d'un amour régulier, ayant des droits et des devoirs.

Voilà pour le présent. Mais lorsque, avec une adroite hypocrisie, Daniel se hasardait à l'interroger sur son passé, elle le rembarrait, et si cruellement lui mettait le nez dans la réalité, qu'il était bien forcé de s'humilier, de se repentir, de rentrer dans la raison.

— Tais-toi, lui disait Marcelle d'une voix ferme et tranquille; nous ne devons parler de cela jamais. Quand j'ai commencé à être perdue et avilie? Toujours. Et combien j'ai eu d'amants? Ah! quand même à force de ruser et de marchander, tu m'en ferais avouer un de moins qu'il n'y en a, voilà-t-il pas un beau résultat et qui nous donnera des heures heureuses! Non, je ne veux pas t'avouer et te raconter mon passé, ni t'en dire un seul mot. Est-ce parce qu'alors, à cause de ma franchise, tu ne m'aimerais plus? Non, au contraire, tu m'aimerais mille fois davantage, mais d'une façon épouvantable et vile. Tu arriverais à te plaire à ces horreurs que je t'avouerais et aux autres que tu supposerais. Il n'y a rien autre chose à faire, détourne ta vue de mon passé de cloaque où de hideux reptiles se traînent dans la boue et que n'a jamais purifié un rayon de soleil! Pour toi, il ne doit y avoir et il n'y a qu'une Marcelle Rabe, celle que tu as sauvée, que tu es allé chercher jusque dans le froid de la mort, et que tu as ramenée à la clarté du jour. Celle-là te doit peut-être plus que tu ne penses, car sinon pour l'amour interdit, hélas! à son âme souillée, du moins pour tout le reste, tu lui as presque donné le droit de revivre, de redevenir une vraie femme.

Et si tu avais voulu accepter son amitié et ne pas la ramener à son vomissement, elle se sentait digne d'être ton amie. Mais non, tu aimais mieux ressasser mes ignominies. Tu voudrais me voir seulement un peu salie, un peu traîtresse et banale, et bientôt tu te résignerais à apprendre que je le suis tout à fait. Tu t'habituerais à cette pensée, et tu te réjouirais de mon charnier et de mon fumier; tu t'amuserais à cueillir des fleurs dessus! Ah! cette triste histoire a été bien racontée. On commence par adorer la sylphide, l'être aérien qui habite à mi-chemin de la terre et du ciel. Bientôt elle vous fait quelques aveux, une fois que son baiser est devenu indispensable, comme l'air qu'on respire. Elle n'est pas tout à fait sylphide, mais non plus elle n'est pas tout à fait démon. Et un jour vient où l'on voit dans sa laideur l'horrible tête de chameau et où on lui dit, comme elle l'a voulu : Cher Belzébuth, je t'adore !

Ainsi Marcelle défendait son ami contre elle-même, contre lui, et trop souvent elle avait à lutter pied à pied, à subir de rudes assauts, car sans cesse Daniel recommençait les absurdes luttes, avec la puérile obstination d'un amant torturé et martyrisé par le rêve qu'il a inventé pour son propre martyre. Un jour, il entrait chez Marcelle, tombait à ses pieds, couvrait ses mains de baisers et de larmes, et la saisissant dans ses bras, la serrait à l'étouffer.

— Tiens, disait-il, c'est assez de fictions, de conventions et de mensonges. Tu es à moi, tu es mon bien ; nous nous évadons loin du monde que nous haïssons, et, comme j'ai besoin de toi pour vivre, je te prends et je t'emporte.

— Ah ! dit Marcelle, où cela ? Le monde est bien petit. Quand même nous nous embarquerions sur ce chemin de fer immense où les Indiens viennent scalper les ingénieurs, il n'y a plus d'Amériques lointaines; on revient de partout en cinq minutes, comme on revient d'Asnières.

— Suis-moi seulement, dit Daniel, je saurai où t'emmener, et, si tu veux m'appartenir, je trouverai bien pour nous une solitude.

— Malheureusement, nous y serons, dit Marcelle, avec tout ce qu'il y a dans nos souvenirs ! Certes on peut vendre tout, ma maison et mes chevaux, mes robes, mes joyaux et mes chemises. Mais il n'y a pas que cela de souillé. Il faudrait encore m'écorcher comme une anguille, jeter ma peau aux ordures, et qui sait ce que vaut la chair qu'il y a dessous !

— Mais, cria Daniel, ton passé, tu veux que je l'ignore. Eh bien, je l'ignore et je l'oublie. Il n'a jamais existé.

— Si fait, dit Marcelle, il existe dans ma mémoire, où il a laissé une souffrance aiguë et continue, dont tu sentirais sans cesse le contre-coup et dont tu subirais la moitié. Enfin, nous voilà partis, enfuis, envolés comme des banqueroutiers, et en effet ayant fait banqueroute de l'immense dette que tu as contractée envers ton pays. Que faisons-nous? Nous agiotons sur le porc salé et sur les nègres. Ou bien tu exerces la médecine, dans des pays où les diplômes de docteur se vendent couramment comme des boîtes de cigares. Et moi? Je préside sans doute à quelque table d'hôte où l'on joue avant et après dîner et pendant la nuit, où la maîtresse de la maison est avenante pour tout le monde, comme madame Grégoire, et où l'on échange des coups de revolver, après avoir jeté au visage de son voisin les cartes biseautées.

— Non, dit Daniel, tu sais bien que l'infamie ne nous guette pas. Nous restons les maîtres de nos pensées et de nos actions, et nous serons ce que nous voudrons être. Veux-tu quitter tout, me suivre et vivre avec moi respectée, obéie, toujours adorée?

— Non, dit Marcelle.

— Ah! dit Daniel, je te comprends et je te connais enfin. Ces souvenirs dont le poids t'opprime, je commence à croire qu'ils n'existent pas, ou te sont devenus indifférents, et que tu cèdes seulement à une peur égoïste. Tu crains l'exil, une vie incertaine, ou plutôt tu sens que tu te lasserais d'être exclusivement aimée. Le vrai mot de cette énigme est que tu es insensible et froide, et que tu n'as pas de cœur.

— Hélas! mon ami, fit tranquillement Marcelle, je ne t'ai jamais dit que j'en avais un!

XIII

Travaille, avait dit Marcelle Rabe à son ami, et le travail quotidien, acharné, régulier surtout, serait le meilleur des remèdes, s'il y en avait, contre le genre d'amour ne raisonnant pas, ne reposant sur rien, pas même sur l'admiration et qui, commençant par un ravissement physique, envahit et prend toute l'âme. Mais ce remède n'en était pas un pour Mathis, trop complétement soumis et vaincu en son délire sentimental pour pouvoir lutter. Marcelle Rabe avait beau ne pas vouloir, il lui appartenait ; et cet amour était si violent, si acharné, si exclusif qu'il n'aurait pu être effacé, même par un amour nouveau, pour une autre femme. Marcelle le savait et ne pouvait l'ignorer, une fois pris et extasié par le charme capiteux qui émanait d'elle, nul être n'aurait pu s'en affranchir et redevenir libre. Et pour celui qu'avaient une fois dompté son regard, sa chevelure, le rhythme et la couleur de son charmant visage, les autres femmes n'existaient pas.

Donc, pour que Daniel fût guéri d'elle, et elle s'en rendait compte, elle devait supposer une diversion extraordinaire et inattendue et des circonstances impossibles. Il aurait fallu qu'autrefois, avant de la connaître, Mathis eût aimé, aussi ardemment qu'il l'aimait à présent, quelque créature admirable, aussi belle qu'elle, et que par un hasard imprévu, cet amour se réveillât triomphant et dans le cœur de Daniel brisât l'image adorée de Marcelle.

Oui c'est cela, ce miracle improbable et excessif, qu'il aurait fallu, et c'est celui que la courtisane demandait avec un dévouement intrépide, sans se dissimuler que pour son ami le remède serait peut-être aussi grand que le mal. Mais ne devait-elle pas le sauver? Et tout d'abord, le sauver d'elle, Marcelle Rabe? Et elle expliquait à son amie unique cet invraisemblable plan de délivrance.

— Mais toi! dit Suzanne Brunel.

Ces deux mots jaillis du cœur contenaient un monde de pensées. Tout était vrai dans ce que disait Marcelle, mais aussi tout était faux.

Était-elle sincère, lorsqu'elle disait brutalement à Daniel : Non, je ne t'aime pas ? Ces paroles qu'il fallait traduire signifiaient tout simplement : Je te refuse l'amour que je n'ai pas le droit de te donner. Ce renoncement ne supposait-il pas des souffrances supportées avec un appétit de martyre et d'obscur sacrifice ? Éclairée par sa fidèle et pure amitié, Suzanne lisait dans la pensée de Marcelle, et voyait que, si elle avait eu assez de courage, non pour cacher ses sentiments, mais pour les étouffer, elle devait cependant endurer mille blessures, à l'idée d'abandonner à une autre femme le bonheur dont elle ne voulait pas, et dont elle ne pouvait vouloir pour elle-même. Aussi était-ce avec une profonde perspicacité, avec une fraternelle intelligence de ses secrètes pensées que Suzanne disait à Marcelle ces deux seuls mots, gros de sous-entendus :

— Mais toi !

— Moi ! dit Marcelle, qu'est-ce que ça

fait? Ah! l'interrogation que tu m'adresses, je ne la pardonnerais à personne autre que toi, et c'est tout au plus si je te la pardonne. Nous, dont la vie n'est rien et ne peut rien être (je parle pour toi comme pour moi!) si nous pouvons exister encore, c'est par le bonheur et la gloire d'un étranger qui est pour nous plus que notre enfant. Et puisse-t-il être ingrat et nous déchirer, et le chariot qui l'emporte nous écraser et nous passer dessus! Pourtant, continua-t-elle, je ne puis t'en vouloir de rien. Mais tu n'as pas le droit d'en savoir sur moi plus que je n'en veux savoir moi-même! Écoute, fais exactement ce que je te demanderai, sers-moi comme je veux être servie.

Et si dans ce que nous tripoterons, mon cœur saigne, s'il est cassé et déchiré, ça ne fait rien : les morceaux en sont mauvais!

XIV

Sous le vain prétexte de quelque malaise, Suzanne Brunel, par un mot, pria Mathis de venir la voir. Il y alla le soir, et au coin du feu, car l'hiver commençait déjà, trouva, guérie sans l'avoir attendu, sa malade, dont beaucoup de gens sains se fussent accommodés. Fauve, dorée, superbe, type accompli de force gracieuse, Suzanne avait voulu être belle et pour cela n'avait eu besoin d'employer nul artifice. Elle désirait plaire à Daniel, non avec l'idée d'une trahison dont elle aurait eu horreur, mais cependant assez complètement pour qu'il fût heureux de se confier à elle et lui dire ses secrets, s'il en avait.

Dans une chambre tendue d'une étoffe

d'un rose éteint, semé de roses très pâles, doucement éclairée par des lampes Carcel, commodément assis dans un bon fauteuil (objet aussi rare qu'un sonnet sans défaut), autorisé à fumer des cigarettes et profitant de la permission, buvant un thé parfumé versé par des mains princières, et ayant devant lui, comme spectacle, une des plus belles femmes qu'on pût se réjouir à regarder, Mathis était dans un de ces moments où l'on goûte l'ivresse du calme, du repos, de la tranquillité heureuse. Si ces heures de délice existent, c'est près d'une amie qui ne veut être ni coquette, ni courtisée, mais qui cependant veut vous offrir, avec le plus délicieux platonisme, le régal de sa causerie, de sa grâce enveloppante et de son intimité charmeresse.

— Ainsi, dit Suzanne, vous aimez toujours Marcelle aussi ardemment, aussi passionnément, et de façon à dédaigner, à ne pas même voir ce qui n'est pas elle?

— Oui, dit Daniel, je l'aime surtout d'une manière qu'elle ne comprend pas. Et dès que j'entends sa voix, sa chère voix, je sens comme nous sommes éloignés l'un de l'autre et quel abîme nous sépare. Marcelle me prête des plans et des projets : mais je n'en ai pas! Elle invente des obstacles qui nous séparent, se dressent devant nous, me parle de son passé, auquel je ne crois pas et qui n'existe pas pour moi. Les raisons que j'écoute, les seules que j'entende, si elle le savait! c'est l'éclat de ses yeux, la couleur de son visage et de ses lèvres, c'est la ligne de son corps, pareille à nulle autre, c'est le parfum qui émane d'elle. Tout cela me persuade, me convainc, s'empare de moi. Mais est-ce que je résiste? J'appartiens à des idées, à des sensations, à des harmonies qui viennent d'elle et sont pour moi chaleur et lumière. Loin d'elle, j'ai froid, je vois noir, il fait nuit dans mon cerveau, je me sens exilé. Comment la comprendrais-je, lorsqu'elle me parle de conventions et de nécessités sociales?

— Et, dit Suzanne, vous l'avez aimée ainsi tout de suite?

— Oui, dit Mathis, la première fois que je l'ai vue, passant en calèche au Bois. A la seconde où elle m'est apparue, tout mon être s'est épanoui, et volontiers j'aurais crié vers elle. Et en s'en allant, elle a emporté les rayons, l'éclat du jour devenu terne, tout le meilleur de moi-même, et j'ai cru sentir dans ma poitrine un immense vide.

— Et, dit Suzanne, avant d'avoir vu Marcelle, vous n'aviez pas senti de telles douloureuses joies, et sans doute vous n'aviez jamais aimé?

A cette question Daniel sembla comme un peu troublé et stupéfait, et sans doute un flot de souvenirs tout à coup réveillés monta à son cerveau.

— Ah! dit-il, vous venez de ressusciter en

moi tout un passé évanoui. Mais a-t-il existé dans la réalité ou dans le rêve? Si ce ne fut pas une illusion de mon esprit, j'ai aimé une fois déjà et plus que je n'aime Marcelle. Mais ai-je pu en effet élever mes vœux et mes désirs vers une créature dont les yeux se mêlaient au ciel, dont les pieds ne pouvaient se salir en touchant la terre, et qui me parut être d'origine divine?

— Et, dit Suzanne, où, dans quel pays, avez-vous vu et adoré cette figure angélique?

— C'est, dit Mathis, dans le très vulgaire paysage de Saint-Denis. J'avais commencé mes études de médecine, voilà dix ans de cela. Alors, comme aujourd'hui, mes parents habitaient Périgueux, et je passais avec eux le temps des vacances. Mais j'avais à Saint-Denis une tante, sœur de ma mère, beaucoup plus âgée qu'elle, que même écolier au collège, j'avais toujours visitée et que je continuais à voir, avec un grand plaisir.

Madame Sophie Thévelin, tel était son nom, me choyait, me faisait manger des cuisines raffinées où elle excellait. Elle avait toujours pour moi une réserve de précieux conseils pratiques, et ce qu'un étudiant estime encore beaucoup plus : de l'argent.

A cause d'elle, j'aimais Saint-Denis, et lorsque j'y allais pour un jour, je me plaisais dans cette ville bizarre, habitée par des travailleurs affairés et par des bourgeois tranquilles, éveillée par le bruit de ses manufactures, bercée par le flot de ses deux rivières et qui est comme un exutoire où s'étend et déborde l'activité de Paris. J'y voyais toujours avec une nouvelle curiosité ces bandes de forçats libérés qui, ne trouvant pas d'ouvrage ailleurs, sont employés dans les grandes teintureries, et, souillés de couleurs, tachent sous leurs pas, quand ils sortent, les pavés de la rue en jaune, en bleu, en écarlate.

Un jour que je marchais dans l'avenue de

Paris, au milieu de la foule, je vis passer, accompagnée d'une servante, une jeune fille, tout à fait encore une enfant, grande, svelte, au sourire un peu douloureux, aux bras minces, à l'expression grave, douce, mélancolique et mystique. Dans une religieuse extase, je crus admirer en elle une de ces saintes qui sont en même temps de jeunes reines et dont la peinture, avant de redevenir païenne, tentait de reproduire la fierté ingénue et céleste.

Pareille à un lys, le corps légèrement incliné à gauche, elle laissait voir son visage transparent, nacré, son nez très fin, ses tempes veinées de bleu, ses sourcils à peine marqués et sur l'ovale allongé de sa tête, des cheveux blonds, fins comme de la soie. Ses yeux gris à fleur de tête, très peu ouverts, reflétaient l'air dans leurs prunelles, comme l'eau d'un lac mystérieux. Sa robe en drap d'un mauve très pâle était garnie d'un galon en or et en argent mélangé, tissé par les admirables joailliers du Caucase, et rappelait l'habit des femmes russes. Légèrement froncée sur le devant et fermant sur le côté gauche, elle était serrée par une ceinture faite d'un large galon orné de motifs en argent et attaché par une agrafe d'argent délicatement ciselé. Ce costume triomphal et en même temps hiératique, m'apparut comme son vêtement naturel; car ma première pensée fut qu'elle était descendue de quelque flamboyant vitrail, dans un éblouissement de majesté et de lumière.

Cette vierge, qui fut pour moi non une femme, mais plutôt la Sagesse et la Vertu animées et vivantes, je la vis comme une de ces Béatrices qui ont le droit d'emporter les âmes d'étoile en étoile, et dont la louange est réservée aux poètes inspirés, brûlés par le feu du génie. Quand par hasard je la rencontrais dans les rues, je ne la suivais pas, même de loin. Si elle était sur le point de disparaître, je ne tentais aucun effort pour ne pas la perdre de vue, et, si elle entrait dans une église, je n'osais y entrer après elle.

J'étais persuadé, je le suis encore, qu'il ne pourrait jamais y avoir entre elle et moi aucun rapport terrestre, qu'avant de toucher la sienne, ma main se dessécherait, et que je mourrais si j'entendais le son de sa voix. Un jour, par le plus grand des hasards, des personnes qui passaient près de moi parlaient d'elle, et j'entendis son nom. Celle que mon rêve n'osait effleurer du bout tremblant de son aile, se nommait mademoiselle Claudine Hua. Je ne sus pas où elle habitait, ni ce qu'étaient ses parents. Je ne voulus apprendre rien qui eût rapport à son existence matérielle. Il me semblait qu'en voulant la préciser et la rapprocher de moi, je ferais s'envoler la vision qui, à ce que je sentais, ne pouvait être à sa vraie place que dans les bleus paradis.

— Mon ami, dit Suzanne Brunel, voilà,

pour un médecin et pour un physiologiste, des idées bien romanesques.

— Oui, dit Daniel, on n'est pas parfait tout de suite, et en ce temps-là je croyais à des choses qui ne peuvent être expérimentées, ni touchées par le scalpel. Dans mes excursions à Saint-Denis, je ne cherchais pas à apercevoir Claudine, je la fuyais plutôt. Sa vue était pour moi comme une souffrance. Il me semblait qu'en la contemplant avec mes prunelles, je commettais un sacrilège, et l'âme pleine d'elle, je préférais la voir blanche et triomphante, dans le tabernacle secret de ma pensée. Je lui rapportais toutes mes paroles et toutes mes actions; ma vie lui fut dédiée et dévouée.

Madame Sophie Thévelin mourut, et, après lui avoir rendu les derniers devoirs, je ne suis jamais retourné à Saint-Denis, et je n'ai jamais revu mademoiselle Claudine Hua. Mais je ne vivais que par mon adoration pour elle, jusqu'au jour où je rencontrai

Marcelle. Alors ce fut en moi comme un écroulement, comme un incendie qui change en cendres et en décombres tout ce qui n'est pas sa flamme. Vous savez, elle vous l'a dit sans doute, qu'elle n'a pas su comprendre combien et comment je l'aimais.

— Ah! dit Suzanne, si quelqu'un n'a pas compris, je crois que c'est vous! Vous pouviez avoir à votre service la plus belle, la plus spirituelle et, laissez-moi insister là-dessus, la plus honnête des maîtresses. Mais vous avez voulu que Cidalise fût à la fois Ophélie et Juliette. N'était-ce pas méconnaître imprudemment la nature des choses et, avant de croquer une belle pêche rouge, lui demander d'avoir des sentiments? Mais enfin si tout à coup vous pouviez revoir mademoiselle Hua, laquelle aimeriez-vous, serait-ce elle, ou bien serait-ce Marcelle?

— Ma chère Suzanne, dit Mathis, Claudine doit être morte. Car, qu'est-ce que cette perfection, cette pureté, qu'est-ce que ce front de lumière et de clarté aurait pu faire sur la terre?

— Mon ami, dit Suzanne Brunel, permettez-moi de trouver cette raison peu scientifique. Mais, bonsoir, quittez-moi, car nous avons déjà trop parlé de choses purement idéales, et qui sait si l'amour platonique n'est pas une maladie contagieuse? N'oubliez pas que j'ai failli être souffrante et que je veux dormir tranquille.

— Bonne nuit, dit en sortant Daniel Mathis.

XV

Belle, gracieuse, distinguée, vêtue avec la riche simplicité qui est le signe d'une très élégante Parisienne, Suzanne Brunel avait dans sa poche des billets de banque,

9.

de l'or et des monnaies, partant, beaucoup d'assurance et de certitude. C'est plus qu'il n'en faut pour aller demander un renseignement à Saint-Denis, chez un notaire de la rue des Ursulines. Comme elle n'eut aucune difficulté à l'apprendre, monsieur Paul Vandrenne, banquier, demeurant à Paris, dont le père avait jadis aidé et commandité monsieur Jérôme Hua, avait épousé, en mai 1880, la fille unique de ce négociant, mademoiselle Claudine Hua.

En revenant à Paris, Suzanne redisait ce nom de Vandrenne, pensant l'avoir entendu comme désignant un salon très connu, et elle se rappela même que Jean Carion l'avait prononcé plusieurs fois. C'est donc à lui qu'elle se proposa de demander les si utiles renseignements dont elle avait besoin. Elle lui écrivit afin de lui assigner un rendez-vous, et reçut de lui la lettre que voici :

Ma chère Suzanne,

Vous tombez bien! Car je me suis battu en duel ces jours derniers (occupation frivole!) et mon adversaire m'a *heureusement* blessé à la main droite, ce qui pour quelques jours me met dans l'impossibilité de peindre. Je puis donc disposer de tout le temps qu'il vous plaira. Vous me dites que nous avons à causer, et que nous causerons beaucoup. J'y consens, puisque vous le voulez ainsi, quoique la conversation ne soit pas *ma partie*. Car un simple baiser (d'oncle, au front!) serait bien mieux mon affaire.

A quoi Suzanne Brunel répondit en ces termes :

L'un n'empêche pas l'autre. Je serai chez vous demain à midi, et j'accepte tous les dons que vous voulez me faire.

Le lendemain, après qu'ils eurent mangé

un excellent repas, dans des assiettes de faïence de tous les temps et de tous les pays, dont pas une n'était pareille, Suzanne dit :

— Qu'est-ce que le salon Vandrenne et le ménage Vandrenne? Répondez-moi bien et exactement. Il s'agit d'un grave intérêt.

— Eh bien, dit Carion, madame Claudine Vandrenne est un faux *primitif*.

— Hein? fit Suzanne.

— J'entends par là, reprit le peintre, qu'elle rappelle, d'abord parce que la nature l'y a prédestinée, mais surtout parce qu'elle le veut et s'y applique, les figures peintes par des artistes convaincus, en un temps religieux et mystique, avant la brutale Renaissance. Dans un âge pratique, affamé, comme le nôtre, des résultats matériels, et acharné dans la lutte pour la vie, madame Vandrenne est une prodigieuse exception, car elle se meut en plein idéal, comme si nous étions encore en 1830. Qu'elle soit et à tout prix veuille être poétique, vous allez en comprendre la raison. Lisez seulement ces six lignes dans l'almanach Bottin.

Et il tendit le gros volume à Suzanne, qui lut :

Hua (Jérôme), fabricant d'huiles de résine, d'huiles à graisser et de graisse pour chemins de fer en construction ou en exploitation, pour voitures, minoteries, forges, filatures, wagons, câbles de mines et machines de toute espèce. Avenue de Paris, 19, à Saint-Denis.

— Voilà où gît le lièvre, dit Carion. Tel est le métier très honorable et très utile où M. Hua a gagné son million, et il ne s'en est jamais plaint. Mais celle qui n'était pas heureuse c'était sa fille Claudine, qui se sentait engluée par toute cette huile et par toute cette graisse et qui, depuis son plus jeune âge, a passé le temps à se débarbouiller avec de l'ambroisie. Elle marche sur des nuées et tient dans ses mains des étoiles, et ce qu'il y a de plus remarquable dans sa fiction, c'est qu'elle l'a imposée, comme un article de foi à toute l'élite du monde parisien. Le portrait de Laure de Simone Hiemmi, la Vierge de Buoninsegna contemporain de Cimabué, que les Siennois portèrent en triomphe; la Sainte Catherine de Matéo de Sienne, sur son fond d'or admirablement orfévré; la jeune religieuse, aimée et immortalisée par Fra Filippino Lippi; la duchesse d'Este de Ghirlanjo, que ce dernier des préraphaëlites a représentée dans sa robe blanche à grands ramages d'or, tels sont les modèles fameux dont la nature s'est inspirée pour créer madame Claudine Vandrenne, mais d'après le souvenir desquels, sans cesse et sans trêve, elle se perfectionne et se travaille elle-même. Qu'y a-t-il de vrai et qu'y a-t-il d'artificiel dans ce type de femme romantique auprès de laquelle les mourantes héroïnes d'Edgar Poë sont des monstres de Rubens, débordants de santé et de bonne humeur?

— Ma foi ! mon cher Jean, dit Suzanne, voilà une svelte créature, qui me semble un peu bien compliquée.

— Plus qu'elle ne le croit elle-même, dit Carion ; car acharnée à se dépêtrer de la graisse pour voitures, elle veut à chaque instant être une femme du monde, du plus grand monde et de tous les mondes. Non seulement elle reçoit chez elle ; mais elle est de tous les bals, de toutes les représentations, de tous les dîners, de tous les thés, de toutes les courses, de toutes les fêtes, de toutes les exhibitions. Elle est partout, infatigable, jamais lasse, avec des nerfs d'acier, traitant son corps immatériel comme une bête de somme. Mais ce qu'il y a de curieux, c'est que, n'importe où elle soit, elle arrive du ciel, élargissant par son regard les cercles de l'azur, et nimbée de lumière. Comme Élisabeth d'Angleterre, elle a la prétention d'être vierge ; elle veut l'être et peut-être l'est-elle, quoique son fils Jacques, transparent et comme elle coiffé de cheveux d'or, soit né en 1881 et, par conséquent, âgé de sept ans.

Il est certain que lorsqu'on dit une parole qui rappelle de près ou de loin la façon dont les enfants viennent au monde, elle ne feint pas de ne pas comprendre, mais en effet ne comprend pas. Elle ouvre alors des yeux qui, bien que petits, engouffrent innocemment tout l'azur de l'infini. Personne ne peut se flatter de l'avoir vu manger autre chose qu'un quartier de pêche ou une cuillerée de crème; aussi a-t-on dû consentir à croire qu'elle a été pétrie avec de la neige, des rayons et des pétales de roses, et qu'elle est affranchie de toutes les gloires et de toutes les ignominies de la chair.

— Mais, mon ami, dit Suzanne, quelle est votre opinion intime et personnelle?

— Diable! dit Carion, vous m'adressez là une question bien dangereuse. Qui sait s'il n'y a pas dans mon mur un espion du Conseil des Dix ? Pour vous, spécialement, il n'est rien que je ne fisse. Mais cependant, si je vous répondais, il faudrait que ma bouche fût bien près de votre oreille, si près qu'il n'y aurait pas entre elles assez d'espace pour loger un cheveu.

— Bon, dit Suzanne, mettez-vous comme il vous plaira, et répondez-moi.

— Eh bien ! fit le peintre, qui s'était penché près de la visiteuse, de façon à être entendu par elle tout en parlant à voix basse, il ne faut contrarier personne, et la politesse veut qu'on adopte sur les gens l'opinion qu'ils ont d'eux-mêmes. Je crois et je veux croire madame Vandrenne parfaitement céleste, vierge, Béatrice et treizième siècle. Mais dans le fin fond de ma conscience, ce joli bloc emparadisé ne me dit rien qui vaille. Quand je vois une personne se nourrir exclusivement de la rosée bue dans les calices des fleurs, je suis invinciblement porté à croire qu'elle aime les gaudebillaux et les tripes et que volontiers elle en mangerait, comme la reine Gargamelle, seize muids, deux bussarts et six tupins.

— Et, dit Suzanne, que pensez-vous de sa chasteté?

— La question est la même, dit Carion ; on peut vivre de l'air du temps, mais ce n'est pas tout le monde. Si une femme ressemble parfaitement à un lys, et peut être supposée peinte sur un fond d'or, il est permis d'imaginer qu'elle a peut-être les appétits de Sémiramis et de la grande Catherine. Tout cela, bien entendu, ne repose sur rien que sur mon impression personnelle, peut-être fausse. En tout cas ce qui donnerait à réfléchir, c'est l'attitude particulière de Paul Vandrenne, le mari de cette idéale Claudine. C'est un banquier très probe, très habile, très sûr, qui ne ruine ni lui ni personne. Moderne, correct, plein d'esprit, extrêmement élégant, Vandrenne est parfait pour sa femme, lui donne beaucoup d'argent et la laisse absolument libre. Il a su l'aider à créer un salon éclatant, amusant, illustre, où quiconque joue ou jouera à Paris les premiers rôles, se fait un honneur d'être admis. Il lui a amené, avant tout, les journalistes ! puis les financiers, les savants, les poètes, et aussi les artistes, qu'elle a su domestiquer, comme une Circé aux impérieux enchantements. Il est à ses ordres et se montre aux petits soins pour elle. Mais en dehors du salon et de sa femme, il s'amuse quand il veut, où il veut et n'en fait qu'à sa tête. Il a des maîtresses qu'il ne cache ni ne montre, et si l'impeccable Claudine fait mine de vouloir menacer sa liberté, il la regarde tranquillement d'une certaine façon, qui la met à la raison tout de suite. Enfin il est bien évident qu'il *ne veut pas être embêté*. Il adore son fils Jacques, dont il est incontestablement le père. Car bien que devant à sa mère une transparence nacrée peut-être voulue par Claudine, cet enfant est son vivant portrait. Autant qu'il soit permis d'entrer dans l'âme et dans la pensée d'un autre, il est évident pour moi que Paul Vandrenne arrête là sa vie de père de famille, ne veut pas avoir d'autre enfant et n'en aura pas. Aussi laisse-t-il sa femme être vierge comme il lui convient, et tout son soûl !

Mais, ma chère Suzanne, grâce à vous et pour vous complaire, j'ai déjà parlé aujourd'hui plus que je ne le fais en six mois. Serez-vous pour moi plus cruelle que je ne le suis pour mon vieux modèle Quaranta, quand il est resté deux heures les bras en l'air, et ne m'accorderez-vous pas un repos ?

— Si fait, dit Suzanne. Mais après soyez prêt à un nouvel effort de courage, car nous n'avons pas abordé la question importante, et vous ne savez pas encore pourquoi je suis venue. Pendant que vous allez fumer, voulez-vous que je me mette au piano et que je vous joue les choses que vous aimez, du Bach, par exemple ?

— Oui, fit Carion ; car, comme dit Lorenzo à Jessica : L'homme qui n'a pas de musique en lui, ou qui n'est pas ému par l'harmonie des doux sons, est fait pour les trahisons... Écoutez la musique !

XVI

Quand le repos fut terminé, Carion interrogea à son tour, et voulut savoir pourquoi Suzanne s'intéressait si fort aux Vandrenne. Elle lui dit tout et lui raconta quelle hypothèse audacieuse avait surgi dans l'esprit de Marcelle Rabe. Elle lui expliqua à son tour tout ce que Marcelle avait expliqué en pure perte à Daniel Mathis. Comme le comprenait avec une rare sagesse cette fille loyale, l'amour pour une courtisane est meurtrier, car il force l'amant à admettre, à adopter peu à peu toutes les ignominies dont elle est salie. Il est presque inguérissable, car il est sans cesse alimenté, d'une part par l'impérieux désir, de l'autre par la cuisante jalousie du passé et de l'avenir. Si modeste qu'elle pût être, Marcelle Rabe le savait, sa chair avait pris si ardemment Daniel, qu'il n'était accessible désormais à aucun amour né de la chair, et qu'il ne pouvait désirer comme il la désirait, aucune femme après elle. Pour être guéri de Marcelle, de l'amour corrupteur adressé à une femme qui a été une prostituée et qui ne l'oublie pas, il aurait fallu que Daniel eût éprouvé jadis, et maintenant pût sentir, se réveiller, renaître en lui un amour né de l'âme, ayant commencé par l'âme, et assez subtil pour dompter et en quelque sorte anéantir la chair rebelle.

C'est en suivant cette idée que Marcelle avait été amenée à prier sa dévouée amie d'interroger Mathis. Elle avait pu savoir par Suzanne que le jeune médecin avait jadis aimé, sans lui avoir parlé jamais, sans avoir entendu sa voix, mademoiselle Claudine Hua, presque enfant. Elle s'était dit que si cette créature angélique et surhumaine existait encore, il suffisait de la montrer à Daniel pour que l'ancienne flamme se rallumât dans sa poitrine, et pour qu'elle, Marcelle, fût oubliée. Car elle serait nécessairement détruite, laissée, jetée comme un vil chiffon, dans le cas où cette combinaison hardie réussirait. Et sans doute alors il ne resterait même pas pour elle un peu de banale amitié dans le cœur qu'elle avait semblé dédaigner, elle qui l'eût mis au-dessus de tous les biens de la terre!

Elle voulait Daniel sauvé, transfiguré, rendu à la science. Elle ne se comptait pas, elle n'était rien; mais en se supprimant, elle exposait aussi Daniel, qu'elle aimait d'une amitié assez haute pour le sacrifier, s'il le fallait, à lui-même. Elle voulait bien l'envoyer peut-être à toutes les tortures, au désespoir, à la mort et elle disait : Qu'importe ! Avec une sauvage bravoure, elle aimait mieux son ami tenaillé ou tué qu'enfermé avec elle dans un amour sans honnête issue. Voilà pourquoi elle voulait que Daniel revît et, comme cela était plus que probable, adorât de nouveau celle qui était maintenant madame Claudine Vandrenne.

— S'il en est ainsi, dit Carion devenu pensif, je vous en ai trop dit, et je ne vous en ai pas assez dit. Je dessinais à main levée un portrait de fantaisie, pensant que nous parlions pour rien et pour le plaisir. Mais du moment où est en cause une existence précieuse, celle de mon meilleur ami, je dois à vous et à Marcelle une vérité plus vraie, du moins sur ce que j'imagine. Car, je vous le répète, je ne sais rien, je me borne à supposer, mais bien au delà de ce que je vous ai avoué déjà. Mes moyens d'information sont nuls; ils procèdent uniquement de l'intuition qui, en toute chose, m'a enseigné le peu que je sais. Ma chère Suzanne, connaissez donc mon opinion tout entière sur madame Claudine Vandrenne! Mais entendons-nous bien, si jamais vous répétiez ce que je suis décidé à vous dire, j'affirmerais que je ne vous l'ai jamais dit. Il se peut que la belle Claudine soit chaste, et cela doit être. Mais il me semble qu'en fait d'amour comme en fait de mangerie, elle doit avoir à satisfaire de prodigieux appétits, et je la vois comme une reine-titane, serrant, étouffant sur sa poitrine des milliers et des milliers d'amants. Excusez ce clair de lune romantique!

— Certes, dit Suzanne, je n'aurai pas la naïveté de vous demander : pourquoi pensez-vous ainsi? car tout ce qui traverse votre cerveau vient, non du raisonnement, mais de l'inspiration.

— Oui, dit Carion, je suis habitué à penser en artiste, en résumant dans un éclair le résultat d'une observation rapide, et en me disant tout de suite, avant d'avoir pris le temps de rien vérifier : cela doit être ainsi ! Cette manière de juger, qui ne serait pas bonne dans un tribunal, m'a réussi pour mon art, qui est mon seul intérêt sur la terre. Car ma formule consiste, non à ne pas observer, mais à observer très vite; non à se passer de documents, mais à rassembler d'un coup d'œil des documents épars, infiniment petits et presque invisibles.

Cependant, si vous voulez un raisonnement carré et relativement grossier, en voici un. Il y avait chez mes parents, qui habitaient la campagne, une vieille servante, si vieille qu'elle faisait partie de la famille, en portait le nom, et mangeait avec nous. Elle prétendait ne pas aimer le vin, et à table n'en buvait pas. Mais quelquefois on la trouvait à la cave, soûle, ivre morte, couchée dans le vin, près d'un tonneau dont elle avait laissé le robinet ouvert. Peut-être est-ce l'histoire de madame Claudine Vandrenne ! Elle est trop violemment, trop exclusivement, trop imperturbablement immatérielle, pour ne pas être profondément matérielle. Et je suppose que si on lui confiait notre charmant et sentimental Daniel Mathis, si ingénu avec toute sa science, elle n'en ferait qu'une bouchée.

— S'il en est ainsi, dit Suzanne, il ne faut pas permettre que notre ami tombe sous la griffe de cette terrible sainte.

— Au contraire, dit Carion, il faut le permettre, et il faut même l'aider à se faire égratigner, car il vaut mieux être ensanglanté et déchiré que d'être absurde. Un de nos camarades, un ami de Daniel nommé Huguet, qui avait étudié en même temps que lui, intelligent, mais pauvre, usé jusqu'à la corde, dévoré par la mauvaise vie, traînant avec lui des maladies inguérissables, trouva, dès qu'il fut reçu docteur, une situation très honorable, qui à jamais devait le sauver de la misère. Seulement, il s'agissait de s'en aller dans l'Inde, pour être attaché à la famille de je ne sais quel nabab. Tout le monde était d'avis qu'à demi mort comme il était, il ne devait pas entreprendre un fatigant voyage. Mais au contraire, Chartier, le maître de Daniel et le sien, le poussa à accepter l'offre qui lui était faite. Et, disait-il aux gens qui lui en parlaient, c'est pour lui et pour tout le monde une excellente affaire ; car en respirant largement l'air de la mer, en subissant les ouragans et les tempêtes s'il y a lieu, il est très probable qu'il guérira ou qu'il crèvera et, d'une façon comme de l'autre, c'est une solution. Ainsi parlait Chartier, et j'applique sa consultation à Daniel. Qu'il soit un homme et remplisse sa tâche, s'il en a l'énergie. Mais, s'il ne l'a pas, il vaut infiniment mieux qu'il crève.

— Peste ! dit Suzanne Brunel, vous n'êtes pas tendre ! Et qui le conduira au supplice et au martyre?

— Ce sera moi-même, dit Carion, car je suis une des bêtes curieuses qu'on montre dans le salon Vandrenne, où d'ailleurs tous les artistes comme tous les savants ont été domestiqués, et lorsque le thé est servi, on les voit prendre leur nourriture.

D'après le désir exprès du maître de la maison, en même temps que Daniel, je présenterai mon jeune ami le poète Étienne Salvage, que je crois lui, invulnérable. Je serai charmé de faire connaître aux Vandrenne cet assembleur de rimes qui, vous le savez, a donné passionnément sa vie à son art, et n'a le temps de cultiver aucune amourette. J'espère même qu'il jettera le trouble chez eux et excitera des désordres dans leur organisme, car vous n'ignorez pas qu'à un certain degré d'intensité, la poésie devient une maladie contagieuse.

XVII.

Si Paul Vandrenne est arrivé à créer pour sa femme le plus éclatant, le plus original et le plus amusant peut-être des salons de Paris, cela tient à des causes diverses. La meilleure et la plus importante, c'est qu'il possède le plus grand nombre des actions du *Progrès Social,* journal excellent, où l'on sait qu'il fait la pluie et le beau temps. Il peut y rendre et y rend beaucoup de services et, quoique spirituel et très artiste, il a surtout fait réussir cette feuille par ses qualités de banquier. Il a eu l'originalité d'y faire traiter par de vrais spécialistes les questions de finances et d'affaires, de payer très cher la littérature et de donner de bons articles bibliographiques sans spéculation aucune,

Aussi Vandrenne, qui réussit dans ses entreprises et qui est honnête, a-t-il pour lui tout le monde, excepté les intrigants et les inutiles, qu'il exécute sans la moindre faiblesse. Très obligeant et très bon, il s'arrange pour n'être tyrannisé par personne, pas même par sa femme dont il réalise, comme dans une sorte de féerie, les désirs les plus enfantins et les plus excessifs ; mais vis-à-vis d'elle comme vis-à-vis des autres, il préserve sa chère liberté, dont il n'abuse pas, mais dont il use, en philosophe et en artiste. Les Vandrenne habitent, dans la rue Ballu, un très joli hôtel situé entre cour et jardin, construit dans le style Louis XIII, en briques encadrées par des pierres taillées en diamant ; un immense salon, un boudoir où les dames peuvent se retirer et causer entre elles et un fumoir occupent tout le premier étage. Le salon a été décoré avec un goût étrange ; tout y est élancé, svelte, mince. Les meubles ont été empruntés, dans un harmonieux désordre, aux époques anciennes, au pur moyen âge, au dix-huitième siècle, au Japon, à l'Orient. Le seul caractère commun qu'on ait exigé d'eux, c'est d'être grêles. Car tout dans ce petit palais doit ressembler à la maîtresse de la maison, dont, toutefois, la minceur est voulue autant que réelle, et dont les étroites robes serrent une femme élancée et mince, mais non maigre assurément, et pourvue d'une bonne et belle chair. Les lustres, les flambeaux sont grêles. Sur les étoffes des tentures sont dessinées de longues plantes aiguës, et les rares tableaux accrochés aux murs représentent, atténuée, une impression fugitive, ou d'autres, les japonais, un unique flot ou une étroite ligne de ciel. Dans ce décor aérien, madame Claudine Vandrenne semble impalpable, toute de lumière, venue d'un vitrail ou d'une page de missel, d'autant plus qu'elle a su réaliser en action une prodigieuse antithèse, d'une brutalité hardie.

En effet, son salon étale une belle couronne de femmes, mais de femmes plantureuses, robustes, magnifiquement épanouies. Résultat invraisemblable, et comment Claudine l'a-t-elle obtenu ? Elle invite et tient à rassembler chez elle tous les hommes riches, célèbres, ou spirituels, ou beaux ; génies et talents, tout ce qui a obtenu la gloire, ou du moins la grande notoriété. Elle les invite tous, et naturellement invite avec eux leurs femmes, telles qu'elles sont et que le hasard et la vie les ont modelées. Comment se fait-il que, chez elle, une fois réunies, toutes, sans exception, montrant des épaules et des seins, décolletées sans doute par ordre, soient pareilles à des divinités et à des nymphes de Rubens, guerrières cuirassées d'écailles, Minerves tenant l'égide horrible, naïades mêlées aux vagues sous le navire d'or qui porte Marie de Médicis, Renommées et Gloires qui mordent les trompettes en enflant leurs joues furieuses. Et on croyait voir que, selon la formule du seizième siècle, leurs robes de bal se gonflaient, envolées fastueusement, caressées par un désir effréné. Devant elles ou auprès d'elles, avec sa douce chevelure d'or, apparaissait l'idéale Claudine, innocente, naïve, ingénue, brillant comme une châsse, évidemment née pour parer les ors et les pierreries, et dominant de son chaste regard toutes ces créatures magnifiques et robustes, uniquement destinées à faire valoir par opposition sa pureté de triomphale Vertu et de Béatrice dans le paradis.

Entre ces dames parisiennes spécialement assorties pour l'ornement du salon Vandrenne, et pareilles entre elles comme les personnages d'un chœur de comédie, deux seulement faisaient exception, tranchant sur ce fond uni, mais si violemment qu'elles en devenaient des curiosités, parfaitement placées dans un salon où on voulait les rassembler toutes. L'une, mademoiselle Cécile Reinier, que sa mère accompagnait toujours, était visiblement pauvre, et en même temps affligée d'une de ces beautés qui rendent la place d'une femme impossible à trouver sur la terre, si elle n'est pas princesse ou courtisane. L'autre, madame Zoé Caraman, veuve et très jeune encore, maîtresse d'elle-même, riche de plusieurs millions, est laide, ou du moins on le croit, ce qui, au point de vue mondain, est la même chose. Toutes les deux étaient immariables, l'une parce qu'on ne l'eût pas prise sans argent, l'autre parce qu'elle avait dans les veines une fièvre de vie, de mouvement et de liberté.

Fille d'un statuaire qui ayant presque du génie, avait vécu et était mort très pauvre, mademoiselle Cécile Reinier était aussi belle que si son père l'eût créée avec sa pensée et modelée de ses mains. Les traits de son visage réguliers, d'une perfection inouïe, et cependant étranges et pensifs comme l'exige impérieusement la curiosité raffinée de notre esprit moderne, reflétaient un sentiment et une âme. Ses yeux, sa bouche fière, sa chevelure simplement relevée, trop abondante pour les coiffures, sa taille héroïque, modèle accompli de la noble grâce, donnaient l'idée d'une créature impériale faite pour fouler la pourpre, et il était facile de voir que sa chair saine et splendide n'avait pas été pétrie d'un vulgaire limon. Elle eût fait penser à ces vierges que les dieux rencontraient sur les cimes de quelque forêt sablonneuse de la Grèce et qu'ils aimaient parce qu'elles étaient semblables à eux. Mais l'expression des traits de mademoiselle Reinier était assez intense pour éloigner toute idée de comparaisons classiques. Enfin ses élégantes mains ne sont pas petites et son harmonieuse voix claire et profonde est un enchantement.

Madame Claudine se proposait, certes, de trouver un mari à cette fille sans dot. Non un riche, qui n'eût pas voulu d'elle, mais quelque artiste intrépide, ou quelque jeune homme honnête et pauvre à qui Paul Vandrenne eût fait une position, dans les bureaux de sa banque, ou dans son journal. Hélas ! parmi ceux-là même ne se rencontre plus le don Quichotte, le héros qui prendrait sans dot une jeune fille telle que, pour la mettre dans son véritable milieu et dans le cadre auquel elle avait droit, il aurait fallu des tas d'or. Il suffisait de regarder Cécile Reinier pour voir que tout en elle était sincérité et vertu et que nulle mauvaise pensée ne troublerait jamais son âme chaste. Et cependant l'idée de la conduire presque à la misère effrayait les jeunes gens qui eussent été épris d'elle et leur faisait l'effet d'un sacrilège.

D'ailleurs, le chimérique épouseur qui ne se présentait pas, se fût-il présenté, madame Reinier n'en aurait pas voulu, l'aurait chassé bien loin, car avec une logique féroce elle voulait que sa fille fût riche, et très riche, dût-elle pour cela égorger tout l'univers. Sur ce point, elle était plus entêtée qu'une mule, acharnée comme une femme de statuaire qui a passé sa vie à voir naître des figures de bronze et de marbre auxquelles on sacrifie tout, sans avoir rien à se mettre sous la dent. Reçue en tout et pour tout dans le salon de madame Vandrenne, elle était bien décidée à trouver là, avec ou sans elle, la proie qu'elle cherchait, un gendre qui eût de l'argent, beaucoup d'argent, un argent assuré. Quant aux artistes, elle les craignait plus que la peste. Cependant, ayant au plus haut degré la distinction de l'esprit et de la beauté et celle de l'âme, appartenant à cette immortelle aristocratie que la nature recrute et perpétue comme il lui plaît, Cécile échappait à ces calculs et aux vilenies de la misère par un indéniable instinct de race; et sans qu'on pût savoir comment le hasard et la vie s'y prendraient pour venir à leurs fins, on pouvait affirmer, il était évident qu'avec sa chaste splendeur de jeune reine, elle n'appartiendrait qu'à un prince ou à un génie.

L'autre femme qui dans le salon Vandrenne faisait exception et tache parmi le chœur des Nymphes de Rubens, était madame Zoé Caraman. Laide à ce qu'on assurait; mais c'est là un adjectif bien vague, dans un temps qui en fait de beauté ne possède qu'un idéal peu certain, elle avait le type kalmouck, l'angle facial très ouvert, les yeux bridés et obliques, la lèvre épaisse, les dents solides, le teint basané. Elle devait compter parmi ses aïeux quelque héros de race cosaque. Mais tout en elle respirait la force, l'esprit, la santé, la bonne humeur. La joie émanait d'elle et tous les hommes la désiraient, comme un beau fruit mûr. Évidemment dans la pensée de madame Claudine Vandrenne, qui a toujours eu des conceptions poétiques, madame Caraman était destinée à faire valoir par opposition sa beauté mystique et sa glorieuse chasteté. Sans se faire prier, la femme laide avait accepté ce personnage comme s'il lui eût été régulièrement distribué ; elle le jouait avec conscience, l'exagérait même et peut-être y donnait plus d'intensité que ne l'eût souhaité son amie Claudine. Coiffée d'une noire tignasse, elle ne se piquait pas d'être blonde, et libre comme un oiseau envolé, elle ne s'appliquait pas à être vertueuse. Ni vicieuse non plus. Mais spirituelle jusqu'au bout des ongles, brave comme un soldat, lettrée et connaissant très bien les poètes, elle avait surtout horreur du fatras sentimental, et même sous prétexte de passion, elle n'aurait pas consenti à dire des bêtises. Mais d'ailleurs, la passion l'avait généreusement épargnée.

Avec raison peut-être, madame Zoé Caraman pensait que dans notre langue si riche et parfois pauvre aussi, le mot amour a été indûment mis à toute sauce et réduit à exprimer des choses très diverses entre elles. Douée d'une santé excellente, parfaitement équilibrée et n'ayant jamais été malade en aucune sorte, elle estimait qu'à propos d'un baiser innocent, en ce sens qu'il ne fait de mal à personne, il n'est pas nécessaire de déranger les ouragans et les étoiles. Elle se rassasiait à son appétit, sans jamais manger une miette de trop, ni boire une gorgée de plus qu'il ne faut. On ne pouvait la traiter légèrement, car elle était très digne, très sûre, parfois hautaine, et c'est sa raillerie à elle qu'on eût pu craindre, si elle n'eût été extrêmement bonne. Elle faisait de toutes ses richesses le plus généreux emploi, judicieusement prodigue de tout ce qu'elle possédait, et d'elle-même. Aussi, sans avoir besoin de descendre à des lâchetés ou de psalmodier des complaintes hypocrites, pouvaient l'obtenir, non les hommes qui voulaient d'elle, mais ceux dont elle voulait. Elle était une bonne et aimable révoltée, qui n'avait jamais dépensé un liard chez les marchands de poudre de riz, ne consentait pas à se nourrir de mauvaise littérature, et s'obstinait à ne boire que des vins sincères.

C'est le vendredi 5 décembre 1888 que Jean Carion présenta ses amis Mathis et Salvage à la première soirée des Vandrenne, qui leur firent le meilleur et le plus gracieux accueil.

Pendant les mois d'hiver le salon célèbre s'ouvrait une fois par semaine. La conversation en était le grand luxe et le principal attrait. Toutefois on y mêla très souvent la musique et la comédie. Mais ce soir-là on se réunissait simplement pour se voir, pour se retrouver, comme entrée de jeu. On causait presque uniquement et avec d'autant plus de charme que dans ce monde vraiment choisi il n'y avait pas de bavards. Dans un coin les grands romanciers se faisaient remarquer par leur réserve silencieuse; et plus loin les journalistes aussi, ayant horreur de la copie sous toutes ses formes, ne parlaient guère, si ce n'est pour laisser envoler de temps en temps, à de longs intervalles, quelque pensée amusante et rapide.

Les banquiers et les gens de Bourse, ayant fini leur ouvrage, étaient plus communicatifs, mais disant seulement un mot, parlant aux femmes, car la tirade était unanimement évitée, abandonnée à la tragédie. Quelques savants et quelques hommes politiques donnèrent la note bienveillante et sérieuse. Un membre de l'Académie des Sciences, le plus illustre de ceux qui étaient là, charmait les regards par sa jeune chevelure, encore noire; et parmi les hommes politiques, députés ou ministres, naturellement plus frivoles, on admirait un diplomate dont la jeunesse a été si authentiquement mêlée aux grandes affaires de l'Europe qu'il pouvait, sans être ridicule, porter un habit bleu à boutons d'or. Parfois, pour quelques instants, la causerie devenait générale, pétillante, flamboyante, s'allumant en feu d'artifice qui éparpille des fleurs de lumière bleue et des étoiles de flamme rose. Puis un compositeur célèbre s'asseyait au piano et jouait pendant cinq minutes. Un peu plus tard, ce fut José Torrès qui pinça de la guitare, et chanta ses enragées chansons espagnoles. Tout était parfum et lumière, joie communicative; on s'amusait chez les Vandrenne; mais les nouveaux venus ne faisaient guère attention à ce qui se passait. Au moment même où il fut présenté à madame Vandrenne, il sembla à Mathis que, par un long regard impérieux et tranquille, elle s'emparait de son âme, la prenait matériellement dans sa poitrine.

Quant au poète Étienne Salvage, il vit Cécile Reinier, et, pour la première fois, comprit que la beauté, qu'il avait tant célébrée et chantée, n'est pas une aspiration de notre esprit, et qu'elle existe réellement, avec son eurhythmie, pareille à celle de la plus ailée et de la plus enivrante musique.

XVIII

Quand on sortit de chez les Vandrenne, les amis de Mathis comptaient marcher avec lui, l'accompagner pendant une partie de son chemin. Mais lui, sauvage comme un méchant enfant, se cacha pour les éviter. Il avait hâte d'être seul, pour adorer de toute son âme et de tout son être Claudine enfin retrouvée. Elle emplissait non seulement sa pensée, mais son regard. Il la voyait lumineuse; il la sentait mêlée à lui, inondant sa poitrine d'une chaleur douce et vivifiante. Plus Mathis marchait à grands pas, sous la nuit sereine, dans Paris déjà silencieux, mieux il la voyait, seule figure vivante au milieu des invités de son salon, qui se pressaient comme une foule de vagues fantômes.

Il la voyait triomphante sur des escaliers d'azur, tenant en main une épée vengeresse, et renvoyant à la nuit et à l'oubli tout le troupeau des humains brûlés par sa claire prunelle. Tantôt il la sauvait des flammes, l'emportait dans ses bras, ou errait avec elle sous les rayons de lune, dans des paysages de neige pareils à sa chasteté inviolée. Malgré les hasards, les douleurs, la mort, ils étaient l'un à l'autre. Ils voulaient être ensemble pendant les éternités, et tandis que, debout dans un sanctuaire d'or, Claudine savourait le lointain murmure des louanges et la fumée d'un encens brûlé pour elle, lui Daniel, humblement agenouillé à ses pieds, écrasé par sa splendeur céleste, il l'adorait extasié, le cœur plein d'amour.

Et plein de haine aussi. Car en un moment changé dans tout son être et jusque dans chaque goutte de son sang, il s'était mis à haïr tout ce qui n'était pas Claudine, et ce qui, à ce qu'il croyait, l'avait séparé d'elle. D'abord la science, à qui il se reprochait de s'être donné, et qui avait pris le meilleur de lui-même et toutes ses forces. Il ne pouvait s'empêcher de rire, en se rappelant qu'il avait rêvé de se dévouer aux hommes, de guérir leurs maux, de soulager leurs souffrances. Et qu'importait le vain troupeau des hommes? Qu'importe s'ils souffrent et meurent, pourvu que Claudine ait et garde toujours le tendre et délicieux éclat d'une fleur? Mais quel mal oserait affronter et meurtrir cette beauté angélique?

Daniel haïssait mortellement Étienne Salvage, qui pouvait louer la bien-aimée dans une langue céleste et digne d'elle, et surtout Jean Carion, qui, sans doute par une méchanceté cruelle, avait tant tardé à lui révéler l'existence de madame Vandrenne, qu'il n'ignorait pas. Mais surtout il exécrait Marcelle Rabe qui, pensait-il, l'avait entraîné dans une détestable illusion, avait égaré son cœur, lui avait volé des baisers qu'il se reprochait maintenant avec horreur, et qui devaient appartenir à Claudine ou à personne. Ainsi Daniel savourait goulûment le flot noir de toutes les ingratitudes et dans sa pensée il se plaisait à salir l'image de Marcelle, afin que celle de Claudine demeurât seule glorieuse et pure.

Tout ce que l'amie à présent dédaignée lui avait dit d'elle-même, il le croyait. Et certes, toutes ces vilenies, toutes ces infamies, toutes ces horreurs, qu'il se rappelait avec les nausées du plus affreux dégoût, il ne les lui avait pas fait dire. En promettant la confession de toutes les courtisanes, c'était la sienne qu'elle avait criée. C'était elle, cet être qui trompe et qui ment, qui trahit, qui vend et revend une chair mille fois impure, et qui trop invinciblement se prendrait en haine, si elle ne se rajeunissait pas chaque jour dans le recommencement d'un nouvel amour, dans l'illusion d'un cœur ingénu et fidèle, comme une magicienne dans un bain de sang qui fume. Oui, mentir à présent, mentir demain, toujours, partout, pour être adorée, pour être riche, pour acheter des joyaux, pour acheter des bas, pour usurper l'hospitalité des palais après avoir barboté dans le ruisseau. Mais cette femme pour qui de tendres amis se sont férocement égorgés et qui a été embrassée avec des bras sanglants, a-t-elle, possède t-elle en effet un regard, un sourire, une chevelure ? Non. Son corps est une marionnette habillée à la mode la plus récente ; la chevelure qu'elle a est celle qui se porte pour le moment ; son sourire est celui qui se vend bien ; sa prunelle est un indifférent miroir où se réfléchit tout ce qui flotte et tout ce qui passe. O ciel ! il l'avait aimée, ou plutôt il avait cru l'aimer, cette femme dont la troublante beauté n'existe pas, dont l'âme n'existe pas, souillée dans toutes les boues, salie dans tous les ruisseaux et tandis que par quelque magie, par quelque profonde incantation elle lui prenait son désir et son amour, une femme existait, immaculée, sublime, raffinée comme une princesse, chaste comme une sainte, seule digne de son adoration éternelle et c'était la radieuse Claudine, qu'il aurait cherchée et trouvée plus tôt, s'il n'eût été arrêté en chemin par un de ces monstres qui ouvrent les poitrines et dévorent les cœurs. Ainsi se parlait furieusement Daniel Mathis, et ainsi, avec la rage d'un jeune rapin en délire, son nouvel amour se plaisait à barbouiller, à mâchurer — quelle caricature et quel monstre? Tout simplement la charmante tête de Marcelle Rabe.

XIX

A quelques semaines de là, réunis de nouveau dans l'atelier, Carion et Suzanne Brunel causaient. L'amie de Marcelle venait là aux renseignements, s'y plaisait, attirée par l'esprit du peintre, audacieux et rapide. Et lui ne dédaignait nullement d'avoir pour camarade une femme qui répondait exactement à la définition de Baudelaire : un ami avec des hanches.

— Eh bien, dit Suzanne, où en est Daniel, et que devient-on dans la rue Ballu ?

— Mais, dit le peintre, on y devient idylle et féerie, et Daniel qui, le scalpel en main, avait du bon sens et raisonnait, vit maintenant comme un personnage de rêve dans un décor de fête galante. Il n'a fait aucun effort, il ne s'est nullement contraint pour cacher l'amour que lui inspire madame Claudine Vandrenne, et d'ailleurs cela aurait été de la peine perdue ! Cet amour qui s'est absolument emparé de lui, qui le possède complètement, est visible comme le nez au milieu du visage, et dès le premier soir n'a été un secret pour personne, pas même pour Polichinelle. Devant les quelques centaines de spectateurs qui assistent à sa folie comme à une comédie, et sous le feu de leurs regards qui le suivent avec une indulgente curiosité, il agit comme s'il était seul avec la bien-aimée, sous des ombrages de Watcau où les fontaines jettent leurs eaux murmurantes dans les vasques de marbre. Je ne serais pas étonné qu'une fois il prît par la main la sereine Claudine, et qu'assis avec elle sur quelque sopha, comme sur un banc de verdure, il lui récitât devant tout le monde, à haute voix, un glorieux cantique d'amour, improvisé pour elle.

— Mais, dit Suzanne, que penseraient de cela les invités du salon célèbre ?

— Ils penseraient, dit Carion, que cela est bien et que les choses doivent se passer ainsi. Ou plutôt, ils ne penseraient rien du tout, car il règne dans ce salon une religion mystérieuse, dont tous les fanatiques acceptent sans incrédulité les plus étonnants miracles. Je ne sais pas si jamais Daniel a eu un entretien d'une minute avec madame Vandrenne, je ne le crois pas, et d'ailleurs c'eût été une formalité inutile. Il y a au Louvre un bas-relief égyptien colorié, où un pharaon prend d'une main distraite et impérieuse une fleur qui lui est offerte par une jeune fille nue, qu'il ne voit même pas. C'est ainsi, avec une telle certitude tranquille et inconsciente que Claudine a pris possession de Daniel Mathis. Qu'il soit sa chose, son jouet, qu'il lui appartienne, personne n'en doute, et l'on voit que madame Vandrenne tient sincèrement à lui, comme une jeune fille à sa poupée. D'un coup d'œil elle le commande, le gouverne, dicte ses ordres à cet esclave heureux d'obéir. Elle fait les honneurs de son esprit, de sa science, le met à toutes les besognes, et, lui, semble comme un peu humilié de n'avoir pas encore trouvé un prétexte qui lui permette de donner sa vie pour elle.

— Alors, dit Suzanne, leurs amours sont comme un intermède qui se joue couramment pour l'amusement et la récréation du public.

— Ma chère Suzanne, dit Carion, dans le salon de la rue Ballu, qui est une église, il n'y a pas de public, il n'y a que des fidèles. Personne ne croit qu'il y ait des amours entre elle et lui, et, à ce que je pense, madame Vandrenne ne le croit pas elle-même, car elle est une de ses propres dévotes. Joue-t-elle un rôle? C'est une très grave question, mais en tout cas la vérité de tout cela est aussi difficile à trouver qu'une aiguille dans une botte de foin.

— Sur ce point, dit Suzanne, peut-être puis-je avoir une opinion en ma qualité de femme. Madame Vandrenne est-elle une victime ou une reine, ou une hallucinée, ou une comédienne ? Peut-être tout cela et rien de tout cela et il est possible que personne ne lui ait jamais baisé la main. Il est d'ailleurs peu probable qu'elle sache à quoi s'en tenir sur l'histoire de sa vie. Quand une femme joue un rôle, il lui appartient, et de même aussi elle appartient à ce rôle, et elle est la première illusionnée et la première trompée. Et si la femme ne cesse jamais de mentir, il est vrai aussi qu'elle ne ment jamais complètement. Aussi est-il bien difficile de lui faire avouer un mensonge, qu'elle ignore, car elle est elle-même sa dupe.

— Vous avez raison, ma chère Suzanne, mais que cette dame est compliquée ! Les figures de vitraux devraient bien rester sur leur vitrail, avec leurs robes de rubis et de saphirs et leurs têtes transparentes, et ne pas nous éclabousser de leurs étoiles et de leurs pierreries. Madame Claudine Vandrenne est vierge, admettons-le une dernière fois. Elle est céleste, mais elle est absurde, et sur ses pas l'absurde éclôt, comme une floraison de printemps dans l'herbe. Ah ! la pauvre Marcelle Rabe a voulu être reniée, dédaignée, abandonnée pour une autre, foulée aux pieds ! Eh bien, elle a été servie mieux qu'elle ne pouvait l'espérer, et on lui a fait bonne mesure. Par une perversion dont l'intensité arrive au comique, en même temps que la nouvelle idole entrait dans le cerveau de Mathis comme un ange immaculé, dans ce même cerveau naissait une image fausse, caricaturale et violemment déformée de Marcelle Rabe. Pour Daniel, il ne suffit pas que Claudine ait toutes les vertus, toutes les splendeurs, toutes les puretés. Pour qu'elle soit parfaite, il faut que Marcelle Rabe soit salie par tous les vices, noire de tous les crimes, souillée par toutes les hontes. Cette brave femme, qui a été pour lui une amie vaillante, désolée, heureuse des plus cruels sacrifices, Daniel se la figure soûle, dépenaillée, trempant sa chevelure dans le vin et traînée dans les plus abominables orgies. Pourquoi? Simplement pour que toutes les qualités dont il la dépouille, comme on tire la peau d'une anguille qu'on écorche, s'ajoutent aux vertus et aux perfections de madame Vandrenne. Puisque cette figure, sans tache apparente, est sa divinité, il a sans doute raison de lui donner tout ce qu'il a, et même tout ce qu'il n'a pas, ce qu'il est forcé de voler, comme dans un bois, à une personne qui passe.

— Les gens qui, en fait d'histoire, n'ont rien lu, dit Suzanne, se figurent qu'il y a eu, autrefois, avant la Révolution, une longue période de temps où la France était tranquille et où les rois jamais trahis, exempts de tracas et tous nommés Louis, se succédaient sans interruption, du numéro I au numéro XVI. Il en est de même de l'amour. On croit toujours qu'il y a un endroit où il est pur d'ennuis, de haine, de soupçon, plein de confiance et de certitude. Mais cet endroit est celui où l'on n'est pas et où on ne sera jamais !

— Oui, dit Carion, il y a trop de brouillamini là dedans, et pourtant comme il serait relativement facile de trouver midi, si on ne le cherchait pas à quatorze heures, et au delà ! Tout alors deviendrait simple, même ce qui, de près ou de loin, ressemble à l'amour. Tenez, Suzanne, je regarde votre main belle et franche, à la fois si vaillante et si délicate. N'est-il pas évident qu'elle est faite pour être adorée et baisée ?

— A votre service, dit Suzanne.

XX

Un vendredi, Mathis était chez lui, et près du feu mourant, sans s'être aperçu que le jour tombait, que la nuit allait venir, sans avoir songé à sonner pour qu'on lui apportât une lampe, il était assis à son bureau, devant des livres ouverts. Mais depuis longtemps il ne lisait plus et il n'avait rien écrit sur les feuillets blancs qui étaient placés à sa portée. Comme toujours sa pensée était dans ce salon Vandrenne dont tous les hôtes avaient, non pas vu, non pas deviné, mais senti comme par une commotion son incommensurable amour, et semblaient chanter mentalement son épithalame et lui dire, en montrant Claudine : Elle est à toi, elle t'appartient, dans sa pureté, dans sa chasteté, dans sa grâce infinie ! Et peu à peu, il vit près de lui une apparition, une figure de rêve parfaitement semblable à elle et qui lui souriait tristement, ou, comme une reine offensée, jetait sur lui des regards cruels, ou silencieusement, demandait à être délivrée, comme une âme captive. Mais bientôt ce fantôme qui là près de lui était toujours présent, prit une réalité matérielle, et les derniers rayons du jour éclairaient véritablement le visage de l'adorée, et sa blanche, sa délicate, sa transparente chair, pareille à nulle autre. Oui, celle que Daniel voyait debout près de lui, ce n'était plus l'image évoquée par son magique souvenir ; c'était madame Vandrenne elle-même, vivante, désolée, indignée, et fronçant sa noble lèvre de rose.

Assurément, occupé d'elle seule à chaque instant et toujours, il ne pouvait s'étonner de la voir tout à coup. Ce qu'il avait de la peine à comprendre et à imaginer, c'est elle absente. S'il eût été capable de raisonnement et tenté d'être surpris, il aurait parfaitement deviné que tandis qu'il songeait, n'entendant et ne voyant rien, Claudine avait été introduite par un valet, qui tout de suite lui avait obéi, car il était impossible que n'importe quelle créature humaine ne lui obéît pas. Elle était là désespérée, mortellement triste, et Daniel frissonna d'avance, à l'idée d'entendre en quelque plainte amère sa voix chère et divine.

— Ainsi, dit-elle, vous m'avez perdue, flétrie, et tout le monde le voit et le sait; votre méchant désir s'est posé sur ma pensée qui était pure, et la déchire. Moi, innocente, j'appartiens à votre cruel espoir, et sais-je comment vous m'avez entraînée dans ce vertige de folie? Aidez-moi, fuyez, séparons-nous pour jamais, dites-moi que vous ne vous êtes pas emparé de mon misérable cœur. Car plutôt que de vous le laisser, de vous le donner, j'aimerais mieux me déchirer avec mes ongles et l'arracher de ma poitrine. Ah ! continua-t-elle, perdue ! perdue ! mais voici la délivrance, et je sens dans mes veines les glaces de la mort.

Quoiqu'il fît presque nuit, Daniel Mathis vit madame Vandrenne devenir pâle comme un linge. Elle tombait ; il se précipita pour la soutenir, la prit dans ses bras et la posa, inanimée, froide et rigide sur le large divan. Il se pencha vers elle et, avant même de lui faire respirer des sels, se hâta de dégrafer le corsage de la robe et le corset, car il avait peur que la jeune femme n'étouffât. Mais il se sentit pris, attiré, serré par des bras souples, hardis, furieux. Claudine le couvrait de baisers, avait collé sur sa bouche une bouche ardente et folle ; et alors, il la prit, la posséda, extasié, ivre de joie, épouvanté aussi, car au milieu d'ineffables délices, il avait comme le remords d'avoir commis un sacrilège, et en l'adorant, avili une créature divine. Ayant cru entendre un sanglot, il lui

toucha le visage et sentit des larmes. Il se
détesta, se prit en haine, voulut demander
pardon à sa victime; mais de nouveau elle
l'avait ressaisi, l'enivrait de baisers, de
caresses, et dans un oubli de tout, en mille
rages, mourait avec lui délicieusement. Enfin
elle s'arracha de ses bras, et par un miracle
féminin auquel les courtisanes elles-mêmes
n'avaient pas habitué Daniel Mathis, en très
peu d'instants, elle était vêtue, prête à partir,
n'ayant pas voulu sans doute qu'il pût
la revoir déchue, flétrie, rouge encore de
l'outrage subi.

Quant à lui, Daniel, il avait perdu toute
notion du réel. Cette scène horrible et douce
s'était-elle passée en effet? Avait-il tenu
dans ses bras madame Vandrenne venue
pour être sauvée, pour lui demander grâce, et
qui s'en allait souillée, et certes ne pardonnerait pas? Où elle mourrait, comme elle
l'avait dit; ou elle s'enfuirait, quitterait la
maison, ne voudrait plus voir personne au

monde. Mais surtout, elle ne se résignerait pas, ne vivrait pas avec le mensonge sur les lèvres, et de toute façon serait perdue pour lui. Daniel se rappela que c'était vendredi, précisément jour de la soirée des Vandrenne. Il eut hâte d'y aller et se demandait comment jusque-là occuper les heures. Il avait hâte et, en même temps, une profonde terreur. Claudine aurait-elle pu sécher ses larmes, étouffer ses sanglots ? Peut-être avait-elle tout avoué à son mari, et sans doute la maison était fermée et on en avait chassé les hôtes.

Enfin dix heures sonnèrent. A la rigueur, Mathis aurait pu aller déjà chez madame Vandrenne ; mais il ne l'osa pas. En proie à une lâcheté qui le glaçait, il reculait l'instant fatal. Afin de retrouver un peu de courage, il se fit mener d'abord chez Chartier qui, lui aussi, reçoit le vendredi soir. Rassemblés et faisant foule dans les magnifiques salons, tout un peuple de docteurs, de professeurs, de savants étrangers, écoutaient le maître qui parlait avec son éloquence sobre et persuasive, et d'autres fois, enthousiaste, emporté par un sujet captivant, laissait éclater sa verve ironique. Là, Mathis, entré dans sa vraie vie, dans son milieu réel, se retrouvait plein de courage, avide de travail ; mais bientôt il se sentit exaspéré de n'être pas près de Claudine et sortit, remonta en voiture où ses craintes le reprirent.

Arrivé rue Ballu, il vit de dehors la maison illuminée, évidemment joyeuse. Quelques minutes après, il entrait dans les salons, et parmi l'éblouissement des flambeaux, des beautés, des parures, de la foule asservie et ravie, au murmure des musiques dont les derniers sons s'éteignaient, il vit, charmant tout, dominant tout, plus que jamais naïve, céleste, ingénue, parée de sa grâce étonnée, Claudine en robe d'un rose pâle. Elle semblait heureuse, reposée, plus délicate qu'une rose d'avril. Daniel put aller jusqu'à elle et la saluer. Elle l'accueillit sans le moindre embarras, avec une évidente ignorance de ce qui s'était passé, ou de ce qu'il s'était figuré. Et, après avoir prononcé quelques mots aimables, elle lui dit de sa poétique voix, faite pour Shakespeare : Écoutez la musique.

En effet, le célèbre compositeur Malsang venait de se mettre au piano et jouait, chantait aussi avec un art prodigieux des scènes de son opéra de *Circé*, si mystérieux et troublant. Cette diversion fut la bienvenue pour Mathis. L'esprit agité, le cœur déchiré, sentant sous ses pas comme un abîme, la musique était bien, à ce moment-là, le seul langage qu'il pût entendre sans horreur ni révolte. La musique le comprenait, pouvait lui parler sans envenimer sa plaie douloureuse, et le bercer, comme une harmonieuse mer. A présent, éclairé par les voix révélatrices, il le comprenait clairement, proie et victime d'un phénomène dont il ne pouvait être étonné, ce qui s'était passé entre elle et lui, Claudine l'avait oublié ou l'ignorait, et lui, par conséquent, devait en chasser le souvenir, voué à jamais à une éternelle solitude.

Ah! du moins, ce soir, tout de suite, il voulait revoir madame Vandrenne, obtenir d'elle un mot ou un regard ami. Mais où la trouver? Où la prendre? Elle était toute à tous, partout à la fois, impartiale comme un rayon de soleil. Mathis accueillit très froidement le bonsoir et les poignées de main de ses amis Carion et Salvage. Il leur échappa tout de suite, car il voulait aller rejoindre Claudine, qui, près de madame Zoé Caraman, l'écoutait, au milieu d'un groupe. La capiteuse brune racontait une historiette si gaie que les hommes, par décence, tâchaient d'être sérieux, et que les femmes, autour d'elle, taquinaient hypocritement leurs éventails. Mais tout à coup, elle lança le trait final, si incisif, si inattendu, si franchement gaulois, que les hommes éclatèrent de rire, et que les femmes, sans vergogne, se laissèrent devenir écarlates. Seule, le regard tranquille et la bouche entr'ouverte, Claudine resta immobile, n'ayant pas compris, nullement impressionnée, pas plus émue que le marbre poli, par une goutte d'eau qui tombe.

Et, tout de suite, elle s'en alla vers la femme du chanteur espagnol José Torrès, cette belle Conception dont la chevelure blonde comme une flamme va si bien avec ses longs sourcils et ses cils démesurés. Tout à fait bonne et affable, l'excellente femme alla transmettre à son mari la prière de madame Vandrenne, et quelques instants après, le chanteur, assis près du piano, égratignait éperdument sa guitare. Il dit ses chansons populaires ou composées par lui, dont l'effet, comme toujours, fut irrésistible. Ardentes, enfiévrées de volupté et si rapides, évoquant les danseuses de la rue aux lèvres de piment, elles s'augmentaient comme d'un charme sauvage par l'étonnante beauté du musicien, dont les yeux faisaient de l'ombre et de la flamme, et dont on voyait briller les dents blanches.

Ces refrains envolés, pas alambiqués, d'une joie farouche, dans lesquels on croyait entendre des bruits de baisers, charmaient cette élite parisienne qui, après tant de conventions et de mensonges, est si heureuse quand elle écoute un vrai cri d'amour, naïf et sincère. Et c'était pour elle une délivrance, un rachat, un moment de complet repos, pendant lequel elle avait le droit d'oublier la politique, les niaiseries, le jargon du monde, et de comprendre que la vérité est simple comme bonjour et claire comme le soleil. Il semblait que les femmes aux opulentes beautés et les marchands d'or, les marchands de science, les marchands d'illusion, réunis là, avaient trempé leurs lèvres dans un vin brûlant, qui leur avait mis le feu dans les veines.

Seuls, mademoiselle Cécile Reinier et Étienne Salvage ne partageaient pas cette ivresse, n'ayant pu se parler jamais, car la mère, bien conseillée par son avarice, veillait comme une gardienne jalouse, mais s'étant entendus par la communion de leurs pensées, également tendres et chastes. Et ils étaient emportés si loin dans le pays de l'amour, comme dans une blonde Sicile où les pâtres et les dieux se rencontrent au bord des ruisseaux et sur les montagnes vertes, qu'ils n'entendaient même pas les chansons de José Torrès. Et madame Vandrenne? Extasiée et l'esprit ailleurs, comme écoutant quelque chose de lointain, elle semblait avoir quatorze ans, l'âge de Chérubin et de Juliette. C'est seulement au milieu d'un groupe de dames et d'invités que Mathis, en partant, la salua, n'ayant même pu s'approcher d'elle. Comment, par quelle merveille put-il entendre, murmurés à son oreille, des mots prononcés si bas que le bruit de la voix qui parlait était plus léger qu'un vague souffle de brise ? — Demain, chez vous, à cinq heures, tout le long du chemin, en retournant chez lui, il se les répétait, ces mots qui lui réchauffaient le cœur, et qui cependant n'avaient pas été dits, peut-être.

XXI

Elle entra chez lui, triste comme une martyre frappée au cœur d'un coup de couteau, et si digne qu'il se sentit à mille lieues d'elle. Qu'il l'eût possédée, tenue entre ses bras, cette chose passée était abolie, sortie de la réalité, et si, même dans sa pensée et pour lui seul, Mathis y eût fait la moindre allusion, il se serait senti comme coupable d'un mensonge.

Toutefois, il voulut prendre la main de Claudine, mais, inconsciemment peut-être, elle ne la laissa pas prendre, et elle s'assit dans un grand fauteuil, comme une reine. De ce moment-là, elle était chez elle, dans sa propre maison, où Daniel n'était plus qu'un étranger en visite.

Elle le regarda tristement, puis se leva, marcha dans l'appartement dont elle avait pris possession, où elle savait la place de tout. Elle se débarrassa de son manteau, de son chapeau, et enfin, d'un signe, permit à Daniel de s'asseoir près d'elle. De nouveau, il songeait à tenir la chère main, à y poser ses lèvres; mais il vit trop bien que Claudine se trouverait offensée.

Enfin elle parla, lentement, d'une voix harmonieuse comme un chant, et que Mathis sentait résonner en lui, comme le son d'une harpe doucement plaintive.

— Ah! dit-elle, je vous ai laissé voir que je vous aime, que vous avez, je ne sais comment, conquis mon âme. Hélas! je ne puis plus la défendre contre vous. C'est pour vous seul que je vis encore, et je ne pense à moi qu'avec horreur : ne suis-je pas condamnée à un mensonge? Votre affection est tout ce qui me reste, tout ce que j'aurai jamais. Elle est ma consolation et mon supplice; mais du moins, que cette affection reste pure! N'est-ce pas trop déjà que ma pensée ne m'appartienne plus, et soit devenue criminelle? Mais jurez-moi que vous ne me forcerez pas à rougir, et que vous respecterez l'effroi qui me glace et frissonne dans mes veines !

Daniel Mathis est un Parisien que peu de choses étonnent; cependant, en entendant ces mots, il fut stupéfait. Spirituel, ayant vu et connu à peu près tout ce qu'un très jeune homme peut voir de la vie, il pense bien et vite, et ses professeurs avaient cru voir en lui un grand espoir de l'avenir, peut-être un génie. Mais à ce moment-là, toutes ses idées furent bouleversées. Il était dérouté, comme un garde-chasse qu'un braconnier arrêterait en pleine campagne pour lui demander son port d'armes. Dites par quelque femme légère, les paroles que prononçait Claudine lui eussent semblé être une mystification, et il n'eût fait qu'en rire. Mais elle était une dame justement honorée, tenant dans la société une grande place, et que suivaient partout les respects. Assurément, elle était sincère, ne savait pas ce qu'elle semblait ignorer : mais alors, dans quel songe vivait-elle donc, et dans quelle possession surnaturelle? Quant à voir en elle une malade, c'est ce que Mathis, tout médecin qu'il est, n'aurait pu à aucun prix, et il ne se serait pas rendu coupable d'une telle impiété. Car n'aurait-ce pas été comme s'il avait pris dans un vitrail d'église une sainte extasiée, au visage translucide, vêtue de saphir transparent ou d'améthyste, pour l'étendre sur un lit d'hôpital, auquel est attachée une pancarte? Mais dans son étonnement, il ne savait que faire et que devenir. Ses pieds foulaient, non plus un tapis posé sur un plancher solide, mais de vagues nuées.

Volontiers il eût dit à madame Vandrenne : Que vous plaît-il que je devienne et que je sois? Toutefois, il ne disait rien, déconcerté, dépaysé, l'âme affreusement incertaine, et fou d'amour.

Mais Claudine s'était levée. Elle marchait dans la maison qui lui appartenait. Elle était entrée dans la chambre à coucher, voisine du petit salon où elle avait été reçue, et machinalement Daniel, de plus en plus dérouté, l'avait suivie. Elle se retourna et toute droite se planta devant lui et le regarda longtemps, comme accablée de pitié, d'épouvante et de remords. Mais tout à coup, semblant obéir à une force tyrannique irrésistible, pareille à une branche souple qu'on ploie en deux, elle se jeta au cou de Daniel, le serra dans ses bras à l'étouffer, et le baisa mille fois. Puis une grosse larme coulait sur son visage et elle se renversait en arrière, presque pâmée. Déjà le jeune homme la déshabillait, tourmentait les boutons et les agrafes, mais plus rapidement que la plus savante comédienne, avec une habileté vertigineuse, elle se trouva dévêtue, nue dans sa chemise garnie de dentelles, et bientôt couchée près de Daniel, la tête posée sur sa poitrine.

Enfin, à ce qu'il croyait, après la figure énigmatique, étrange, rebelle à tout souvenir, il allait embrasser la femme docile, vaincue, terrassée par l'amour; mais ce n'est pas celle-là encore qui devait succéder à l'apparition inexpliquée. Celle qu'il tenait contre son sein, agile, tordue, caressante, qui l'enivrait de baisers fous, qui l'enveloppait de sa chevelure dénouée, qui le ravissait de ses jeux divins et féroces, qui lui faisait savourer l'ambroisie de sa douce chair; c'était une louve altérée, une furieuse de volupté, subtile, cruelle, impatiente, avide, ouvrière et créatrice de formidables joies. Ah! la volupté, le plaisir, jamais avant cette minute, Daniel n'en avait rien connu, ni supposé. Un instant, dans un éclair, il pensa à Marcelle Rabe, et il la vit comme une innocente et ridicule pensionnaire, bonne à broder des bretelles pour un imbécile mari.

Mais il renvoyait bien loin la vision. Qu'avait-il affaire de cette prétendue courtisane, faite pour figurer dans Berquin et dans *La Morale en action?* Il errait parmi les murs de basalte et les cavernes d'or, dans les flamboyants enfers où une Ange devenue pour lui démone, le baisait au milieu des flammes, tandis que mille autres démones échevelées les enchantaient de leurs odes enfiévrées et de leurs danses lascives. Extasié, terrifié, anéanti, Daniel voulait parler à Claudine, lui dire du moins : Je t'adore ; mais il ne le pouvait pas, n'avait pas le droit de respirer, de se sentir vivre, et la féroce amante, acharnée sur sa proie, le terrassait dans la joie des ravissements et des supplices. Elle était le soldat qui pille et saccage dans une ville prise, et lui Daniel Mathis jouait le rôle de la femme outragée et violée. Comme le naufragé subit des flots, des flots, des flots encore, il était submergé sous l'orage et l'ouragan des cruelles délices. Il avait songé peut-être à s'enfuir pour ne pas mourir, mais à présent il aimait mieux mourir, avec la joie de sentir son âme écartelée et déchirée.

Toujours continuait la tempête, le frémissement, l'anéantissement, que Daniel eût souhaité plus complet encore ; car en lui le désir renaissait plus irrité et plus furieux, tandis que Claudine, fraîche et embrasée comme une rose, semblait en être toujours au tressaillement du premier baiser. Enfin Mathis sentit, rien qui ressemblât au sommeil, mais sur la tête un écrasement, un terrible coup de massue, et peu d'instants après, subitement éveillé, vit qu'il était seul dans le lit, encore tiède et parfumé par la chair de madame Vandrenne. Bien vite, il s'était levé et vêtu à la hâte d'une robe japonaise, en soie violette, jetée là sur un fauteuil. Il vit près de lui Claudine, habillée, coiffée, irréprochable avec sa toilette claire, et fière, glorieuse, gracieuse à voir, comme si on l'eût sortie d'une boîte.

Elle partait, cela était certain. Daniel, anxieux de voir qu'elle allait emporter sa vie, comme s'il avait eu un grand trou dans la poitrine, aurait bien voulu supplier; mais qui? Celle qui partait, calme, rose, avec sa démarche si légère n'était plus la voluptueuse qui tout à l'heure buvait son souffle, et c'étaient bien deux femmes différentes, qui sans doute ne se rencontreraient jamais.

— Quand vous verrai-je ? demanda Daniel timidement.

— Ah! dit Claudine, toujours à ce que j'espère, car j'ai besoin de vous voir, fût-ce de loin, pour oublier les tristesses de la solitude. Demain, je vends à l'hôtel de la rue de Tournon pour les écoles laïques, puis j'irai avec des amis à l'exposition de tableaux de Méro, chez Georges Petit. Puis au Bois, à l'heure habituelle, et le soir à la Comédie-Française, où j'ai ma loge. Car, ajouta-t-elle, ne dois-je pas me montrer, comme on est en droit de l'exiger de moi, et remplir mes devoirs de femme du monde?

Et elle s'enfuit légère, irréprochablement gantée, effleurée sur son gant d'un timide baiser qui l'étonna, tandis que Daniel restait seul, stupéfait, brisé de fatigue et de désir, et assommé comme un bœuf

XXII

Le peintre et le poète ont représenté don Juan voguant sur une barque, emporté par un flot funèbre, tandis que derrière lui volent dans un tourbillon ses victimes folles de colère et d'épouvante. Scène vraie assurément, mais essentiellement symbolique, car ce n'est pas ailleurs, c'est ici même que l'esclave de la chair trouve son enfer implacablement désolé. Et s'il en est ainsi pour le don Juan des trois mille femmes, combien plus pour le don Juan d'une seule femme ! Oui, pour celui dont tous les muscles, dont toutes les fibres appartiennent à une femme qui a pris possession de lui, l'enfer, le hideux supplice consiste en ceci, qu'il éprouve un ennui mortel, incommensurable, dès qu'il est loin d'elle, ne peut plus la toucher, et ne sent plus sa grisante odeur. Alors farouche, aveuglé par la lumière, dépaysé comme un Caraïbe qu'on aurait apporté pendant son sommeil et jeté sur le boulevard au milieu des promeneurs, il en veut au jour qui l'éclaire, à l'air qu'il respire. Il en veut surtout aux hommes, aux femmes, il les exècre à les égorger. Il leur en veut de ne pas être la femme dont il est avide, et de parler, de vivre comme s'ils en avaient le droit.

Tout être est pour lui un ennemi qu'il voudrait écraser et dont la voix le blesse et l'offense. Et partout, haineux, furieux de ne pas les trouver, il cherche l'odeur enivrante et la chair tentatrice. Au milieu des autres hommes, occupés de passions, d'appétits, d'intérêts, de rêves, lui qui n'existe que par une idée fixe, par l'obsession, par la nostalgie poignante du baiser, il est comme un Néron soûl et affamé de délices, qui tout à l'heure prendra une torche embrasée et allumera la ville pour y brûler tout ce qui n'est pas sa maîtresse.

Tel était Mathis. Il en voulait à ses amis, à ses ennemis, aux passants, aux indifférents, à tous les êtres, et volontiers il leur eût crié : Misérables! de quel droit affectez-vous d'exister et imitez-vous des êtres vivants, puisque vous n'êtes pas Claudine Vandrenne? Et la Claudine qu'il exigeait, qu'il réclamait, qu'il voulait affreusement, c'était celle qui avait frémi, folle de volupté, dans ses bras.

Mais celle-là était plus loin de lui que s'il en eût été séparé par des milliers de lieues. Car aux autres moments, quand elle n'était plus là, pâmée sous les baisers, elle n'était pas, partie, enfuie ailleurs; elle était morte, supprimée, évanouie, inconnue d'elle-même.

Et tandis que Mathis, avec un appétit de loup, cherchait la mourante faunesse qui, craquant de plaisir, avait dénoué sur lui sa chevelure, à la place de cette vision délirante, il ne trouvait que madame Claudine Vandrenne, femme du monde.

Mais, par exemple, il la trouvait partout éternellement, sans trêve, toujours souriante, enfantine, svelte, pareille à une pâle rose, fraîche comme la rosée sur des calices, parée de ses inimitables toilettes, qui éveillaient une idée de triomphe, d'innocence et de joie. Oui, il la trouvait partout, parce qu'elle y était, infatigable comme le flot et comme la brise, femme du monde à étonner le monde lui-même, jamais absente des bals, des courses, des expositions de pastels et d'aquarelles, des ventes, des sauteries d'enfants, des thés de cinq heures, pour lesquels elle grimpait, s'il le fallait, jusqu'à des cinquièmes étages. Mais si la mode en eût décidé ainsi, elle serait allée faire la femme du monde au haut d'un mât de cocagne; car une vraie mondaine est toujours de service, ne s'arrête jamais, et ignore la lassitude, comme Napoléon l'ignorait sur les champs de bataille.

Elle était partout, admirée, adorée, suivie par tous les regards, régnant sans conteste; et partout il lui plaisait que Daniel Mathis fût là, à quelques pas, l'épiant, la contemplant, la désirant, comme une inconnue. Et en effet, ils ne devaient jamais se connaître; car les amants qu'ils étaient parfois, enlevés dans un souffle de folie et d'orage, n'avaient rien de commun avec ce monsieur et cette dame, qui de loin s'entrevoyaient, dans le tumulte des éblouissements et des élégances. Madame Vandrenne était si poétiquement, si idéalement simple, que la simplicité de son âme, à force d'être intense, en devenait compliquée. Ainsi elle eût été indignée, blessée au vif, douloureusement surprise si quelqu'un avait paru mettre en doute l'innocence de ses relations avec Daniel; et d'autre part, tout en elle se fût révolté s'il n'eût pas été évident pour tout le monde que le jeune savant lui appartenait, était le vassal soumis de sa beauté et de son esprit. Pour tous, cette possession devait être purement platonique comme elle l'était pour elle-même ; car il eût été injuste de dire que madame Vandrenne se payait d'une fiction, se cantonnait volontairement dans un mensonge ; mais elle avait le don essentiel et natif de dissocier dans sa pensée les éléments de sa passion inconsciente, de voir les phénomènes successivement, à mesure qu'ils se produisaient et de les oublier ensuite. Aussi à l'heure où elle n'était plus l'amante de Daniel, elle ne se souvenait pas de l'avoir jamais été. Elle était, non pas menteuse, mais naïvement étrangère à la réalité. Ou plutôt il n'y avait pas pour elle d'autre réalité que sa vie de femme du monde, avivée tout entière par les splendeurs, les toilettes, les babillages, la religion exclusive et délicieuse du rien, et l'idéalité de féerie et de vitrail que la nature lui avait donnée, qu'elle avait perfectionnée sans cesse et qui lui avait permis d'oublier son enfance de Saint-Denis et le commerce de la graisse pour voitures. Cette graisse, dont elle devait à chaque minute effacer et perdre le souvenir, trouverait-elle jamais assez d'ambroisie platonique pour s'en débarbouiller tout à fait ! Et pour cet intérêt sacré, qui n'était autre que la lutte pour la vie, n'avait-elle pas le droit de se désaltérer en buvant de la brise et, pour toute nourriture acceptée et avouée, de manger des roses?

Elle venait chez Daniel? Sans doute. Comment y allait-elle sans savoir qu'elle y allait? Comment pouvait-elle y être sans savoir qu'elle y était? Mais comme les saintes reines des verrières, elle pouvait ne pas marcher sur un terrain réel, poser ses pieds parmi les clartés, dans les chemins de lumière et d'air qui ne mènent nulle part, et se trouver où la transportait la force ailée du rêve. Un bonheur que Daniel n'avait pas, ne devait jamais avoir, c'était de la saluer, de l'accueillir quand elle venait, d'enlever lui-même sa voilette, de réchauffer dans ses mains les mains gantées de cette visiteuse idéale. Chez lui? Non, elle n'y venait pas, elle n'y était pas, parce que la maison qu'éclairaient ses froides prunelles était la sienne. Elle en avait pris possession, comme font, lorsqu'ils entrent quelque part, les rois et les voleurs. Et dans cette maison qui lui appartenait, elle voulait bien tolérer Daniel Mathis, lui permettre d'être là et même de dire des paroles d'amour qui la berçaient, comme une lointaine et impersonnelle musique.

Mais, si le discours se précisait, indiquait clairement qu'il lui était adressé, surtout si son nom : Claudine, y intervenait comme une note réelle, faisant s'évanouir la fiction et le songe, alors elle rougissait, comme une femme insultée qui ne laisse pas éclater sa colère, mais qui subit l'outrage avec une noble et amère tristesse. Et Mathis ne devait pas espérer qu'il la consolerait et réchaufferait sa petite âme tremblante; il y avait entre eux deux une montagne d'âpre glace. Elle ne pouvait pardonner. Celle qui tout à l'heure oublierait ou, pour mieux dire, ne se souviendrait pas, ce serait l'éperdue, la voluptueuse, l'énamourée Claudine, si peu pareille à sa sosie, madame Claudine Vandrenne, femme du monde, à qui sans doute elle eût fait horreur, et qui ne la connaîtrait jamais.

Aussi, tout en désirant sa présence, comme un misérable livré à l'insomnie désire la venue du jour, Daniel la redoutait, en avait peur, car ce que Claudine apportait avec elle, c'était l'exil et la solitude. Plus elle était là, plus celui dont elle emplissait le cœur était séparé d'elle; plus il pouvait contempler son absence, alors matérielle et visible. Il était encore beaucoup moins privé d'elle, à ces soirées de l'hôtel Vandrenne, où elle glissait, rayonnait, planait avec un nimbe au front, comme une déesse sur les nuées, écoutant et disant ces futilités délicieuses. Là, si ses yeux hautains et doux gouvernaient l'immense foule de Parisiens, d'hommes illustres, de femmes décoratives, un peu de son regard peut-être était réservé, adressé directement à Daniel.

Ou du moins il se le figurait, croyait voir qu'il en était ainsi, et, à force d'imagination, d'invention délirante, arrivait à se persuader que madame Vandrenne obéissait à une ignorante sincérité, quand elle se laissait louanger, silencieuse et rougissante, et quand la passion l'affolait et tordait sa chair furieuse, et aussi quand, sereine et glorieuse dans ce salon célèbre, elle enchantait ses hôtes par sa grâce tranquille. Il voulait croire et croyait que ce bizarre ensemble de visions disparates formait une manière d'être possible de l'amour. Mais, pour persister dans sa quiétude voulue, il fallait qu'il s'enfermât dans sa chatoyante illusion et ne regardât pas autour de lui. S'il eût ouvert les yeux, n'eût-il pas vu sur les lèvres de madame Zoé Caraman l'idée de plaisir, vraie et naïve, mais affranchie des fougueuses démences et des vaines hypocrisies?

Et surtout, il n'eût pas dû voir mademoiselle Cécile Reinier et le beau poète Étienne Salvage qui, au milieu du plus dur exil, séparés, n'ayant pas même le droit de se parler, étaient ensemble, par la force essentielle de leurs beautés dignes l'une de l'autre, et de leurs âmes pures. Assurément, toutes les règles auraient été violées, foulées aux pieds, et le scandale aurait été grand; mais ces deux êtres divins par la jeunesse, éclatants d'aurore, n'eussent pas mécontenté les Dieux, auxquels ils ressemblent, si Étienne Salvage était allé à mademoiselle Reinier, l'avait prise par la main pour l'emmener vers quelque verte Floride, et l'avait tout entière enveloppée de son adoration et de son désir en lui disant : Viens!

XXIII

— Cher monsieur, dit Carion à Paul Vandrenne, vous ne venez pas me réclamer le petit tableau? Comme je vous l'ai dit, je ne pourrai vous le livrer que lorsque l'exposition du Cercle sera fermée.

— Non, dit Vandrenne, je ne viens pas le réclamer. Mais, si vous me le permettez, je puis déjà le payer. Iago a raison, il est toujours bon d'avoir de l'argent, et, en affaires, soyons Américains!

Et il posa sur une table dix billets de mille francs.

— Mais, continua-t-il, nous avons bien

d'autres chats à peigner. Je viens vous parler de votre cher, de votre vaillant, de votre charmant ami, Étienne Salvage.

— Voulez-vous que je renvoie mon modèle? demanda Carion.

— Non, dit le banquier, je connais depuis longtemps Quaranta. Je dirais tout devant lui, parce qu'il est le contraire d'un bavard, et il est peut-être aussi le seul homme vivant à propos de qui on puisse affirmer avec certitude qu'il ne fera jamais de littérature.

— Parlez donc, dit le peintre, en allumant une pipe que venait de lui bourrer le prévoyant Quaranta.

— Eh bien! reprit Vandrenne, vous m'avez depuis longtemps intéressé à Salvage, par le récit que vous m'avez fait de son admirable vie. Et combien plus il m'intéresse encore depuis que je le connais personnellement! Ce jeune homme, à qui sa prodigieuse beauté, son esprit, son instruction, son génie, — disons ce gros mot, — car il en a, permettraient de tout vouloir, de tout avoir, et qui ne veut rien; qui, ambitieux comme Henri Heine, ne demande ni richesse, ni honneurs, ni plaisirs, mais souhaite seulement l'insaisissable brin de laurier, n'est-il pas une des plus hautes figures de ce temps? Je suis banquier et je ne méprise pas l'argent. Ni la poésie non plus. Car c'est des lauriers, encore plus que des raisins, que le renard hypocrite peut dire : Ils sont trop verts! — En aucun temps, il n'y a rien au-dessus de l'art de Villon et de La Fontaine; mais se donner à la poésie à un moment où elle semble vaincue, et où la mémoire même de Victor Hugo n'est pas à l'abri de l'insulte, c'est très crâne.

— Certainement, dit Carion. Aussi le destin de Salvage est tout tracé. Il sera le chanteur du temps qui vient, et qui pourrait l'empêcher d'être pauvre, absolument libre et d'accomplir cette fonction superbe?

— Mais, dit le banquier, les choses ne vont pas si simplement, et voici que tout cela va s'effondrer sous un grand coup d'aile. Est apparu l'impérieux Amour, devant qui rien ne subsiste. Étienne Salvage est venu chez moi, c'est vous qui l'y avez amené, il y a rencontré mademoiselle Cécile Reinier, et ils se sont reconnus. L'un comme l'autre, ils possèdent le don supérieur à la pensée, à la bravoure, au génie, à la bonté, à la poésie même. Ils ont la beauté, au degré de perfection et de splendeur où elle est divine; aussi étaient-ils fiancés de toute éternité ! Ils ont la beauté et ils ont aussi le reste. Car l'eurhythmie de leurs traits n'est que la visible image de la perfection et de l'ordre qui règne dans leurs âmes. Au premier coup d'œil échangé est né entre eux un amour qui ne s'éteindra pas. Ils ont été marqués et choisis pour être un couple heureux; auprès de cela, qu'est-ce que la gloire?

— La gloire n'est rien, dit Carion. Mais

être le rhythme, la chanson, la voix de l'humanité torturée et muette, c'est être plus que les héros et les conducteurs d'hommes. Ah! si mon ami devait aboutir à faire un bourgeois dans sa maison, parlant comme Pécuchet et comme Bouvard, j'aimerais mieux m'offrir en holocauste, manger des sandwichs aux thés de cinq heures et parler politique! Mais je m'alarme à tort. Vous me l'avez dit, madame Reinier, qui, avec son mari a été pauvre à crier, craint l'eau froide comme un chat échaudé. Elle ne donnera sa fille qu'à un homme affreusement riche.

— C'est pour cela que je viens, dit Vandrenne. Par bonheur, Étienne Salvage sait les langues européennes anciennes et modernes, et les langues orientales. Le journal *Le Progrès Social*, dont je suis le plus fort actionnaire, comporte de nombreux services de télégrammes et de correspondances dont la traduction et l'appropriation immédiate exigent un écrivain de premier ordre, que nous n'avons pas. De plus, j'ai aussi de grands intérêts dans la maison Garnéri, où on imprime l'arménien, le turc, le persan, l'arabe, et qui a fourni aux hellénistes des textes grecs irréprochables. Entre ces deux boutiques, où ses talents peuvent être honorablement utilisés, je me fais fort, et vous savez si je suis fidèle, d'assurer à Étienne Salvage un revenu mensuel de mille francs.

— Hélas! dit Carion, elle vaut plus que cela, l'âme d'un poète qui résonnera et retentira comme une lyre, à travers les âges.

— Oui, dit Vandrenne, si vous ne pensez qu'à lui. Mais vous êtes le peintre Carion, vous avez des yeux qui voient, et vous avez vu ce qu'est mademoiselle Reinier : une de ces beautés comme la nature peut-être n'en crée pas une en dix siècles, une Cléopâtre chaste, dont le seul visage vaut une Iliade! Je veux bien que Salvage reste voué aux griffes sanglantes de la chimère; mais elle, Cécile Reinier, qu'en ferez-vous? Son mâle, son mari légitime, c'est Salvage qui, quoi que vous en disiez, ne sera ni Pécuchet ni Bouvard, avec son visage de jeune Hercule. La marierez-vous à un chef de division ou à un avocat? Mais non; plutôt, chargez-vous de ma négociation. Et d'ailleurs, ne vous exagérez pas les renoncements et les sacrifices qu'exige la qualité de poète! Ne voyez-vous pas que, voué aux besognes, condamné à casser les cailloux de la critique improvisée et à tourner la meule du feuilleton, un Théophile Gautier, par exemple, n'en devient que plus le poète savant, ingénieux, impeccable, comme dit Baudelaire, sachant les architectures, les pays, les cieux, les couleurs, les harmonies, les baisers des rimes et toutes les techniques, enfin un parfait artiste.

— Oui, dit Carion, en lui l'artiste s'affine, se perfectionne, et il se fait homme pour parler aux hommes. Mais ne vaudrait-il pas mieux qu'il fût toujours le pur poète, le céleste messager n'ayant marché sur rien de terrestre, pas même sur les ors et sur les pierreries, et restât chez nous un exilé. Quoi qu'il en soit, moi aussi j'ai pitié de mademoiselle Reinier, et je transmettrai vos offres à Étienne, mais peut-être avec le désir obscur de ne pas réussir, car je ne puis m'empêcher de croire que la nature aurait plus tôt fait de créer une autre Cécile qu'un poète comme Salvage.

A ce moment-là, on entendit un affreux grognement sourd, pareil à l'aboiement d'un dogue irrité. Vandrenne surpris cherchait d'où venait ce bruit sauvage.

— Ce n'est rien, lui dit Carion, c'est Quaranta qui donne son avis.

Cependant, ce jour-là même, le peintre transmit les offres de Vandrenne à Étienne Salvage qui, après une minute de réflexion longue comme un siècle, les accepta. Car alors, dans sa pensée, il ne vit que la chevelure et les chastes lèvres de Cécile et la fierté de ses claires prunelles. Vandrenne s'engagea à réaliser au plus vite les promesses qu'il avait faites. De plus, il devait transmettre à madame Reinier la demande de Salvage et aussi solliciter le consentement de la jeune fille, dont il ne doutait pas. Confiant dans ces bienveillantes promesses, Étienne vit déjà réalisé devant lui le plus beau des rêves. Elle serait à lui, cette merveille sans égale au monde, à lui toujours. Tant qu'ils vivraient il serait près d'elle et ils marcheraient ensemble, mêlant leurs regards, elle délicieusement appuyée sur son bras. Ils seraient seuls dans ce grand Paris, où deux amants sont plus seuls que partout ailleurs, isolés dans les foules, possédant la ville avec ses ombrages, ses chefs-d'œuvre, ses promenades où les feuillages apprivoisés les connaîtraient.

Le plus souvent possible, Étienne travaillerait à la maison pendant le jour, ou le soir sous la lampe, s'enivrant d'entendre respirer sa chère femme, parfois lui lisant quelque livre de poëte où ils se retrouveraient, où, avec une adoration jamais lasse, lui parlant de son amour. Le monde auquel ils avaient été un instant condamnés, ils le fuieraient désormais, jamais trop seuls, jamais trop cachés, et, comme Cécile serait encore mille fois plus belle, n'étant plus forcée par la présence des importuns de voiler son sourire et d'éteindre le feu de ses yeux, pouvant enfin être elle-même! Lorsqu'il le faudrait, Étienne irait faire ses besognes au journal ou à l'imprimerie ; mais, pendant ces labeurs, toujours il verrait près de lui, à peine vague et flottante, l'image de Cécile qui ne le quitterait jamais, qui à chaque instant naîtrait de lui et pour lui et l'accompagnerait sans cesse.

Et lorsque enfin, après la courte et trop longue séparation, il irait retrouver la vivante Cécile de chair et quitterait l'ombre pour l'adorable proie, quelle joie, toujours nouvelle! Oh! si noble en sa démarche amie et pleine de grâce, il la verrait, tutélaire, allant et venant dans la maison, et pour les rendre à jamais sacrées, n'ayant qu'à regarder et à toucher les choses. Oh! pour la voir assez, pour voir assez les glorieuses roses de ses lèvres, comme la vie, si longtemps qu'elle durât, serait trop courte! Ils parleraient, penseraient ensemble, enivrés aux mêmes génies, et, comme toujours, emportés ensemble dans un rhythme harmonieux qui se serait emparé de leurs âmes. A ces jours si rares de liberté, parfois volés par le Parisien esclave qui vit de son travail, ils voyageraient, s'égareraient, respireraient l'air balsamique, au mélancolique Versailles, à Fontainebleau, où, parmi les feuillages et les roches, coulent les silencieuses fontaines des fées, à Cernay dont les cascades chantent et où le grand peintre Français a pu évoquer sans mensonge l'idylle de Daphnis et de Chloé, tant les voix des nymphes semblent murmurer dans ces retraites mystérieuses! Parfois, très involontairement, Étienne pensait dans un rapide éclair à son ambition ancienne, au dessein qu'il avait formé jadis d'être le voyageur et le messager unique venant rapporter l'appétit du ciel, le fulgurant désir de la lumière, et, au milieu des niaiseries de la prose, parlant avec magnificence la seule langue vraiment humaine. Mais ce souvenir, il s'en détournait, le chassait vite; et ce rêve condamné, fini, évanoui, avait-il le droit de se réveiller, de persister, fût-ce pour une minute, devant la douce, la calme, la victorieuse figure de Cécile?

— Pas de nouvelles, bonnes nouvelles, avait dit Paul Vandrenne à Carion. Si je n'ai rien fait savoir à vous ou à Salvage avant vendredi soir, c'est que tout ira bien. Venez, alors, tous les deux, à la soirée de madame Vandrenne. Je pense que mademoiselle Reinier ne sera plus inabordable et que notre poète sera content.

Les choses étaient bien arrangées ainsi; mais, lorsqu'il veut produire quelque catastrophe, le hasard n'hésite jamais à la compliquer d'un quiproquo tragique. Au dernier moment, le vendredi, Vandrenne fit porter chez le poète une lettre qui ne lui parvint pas; car une fois habillé, pour tuer le temps, dévoré d'impatience et d'inquiétude, Étienne était allé à la Comédie, où il avait emmené Carion. En entrant chez madame Vandrenne, ils vinrent tout de suite, naturellement, saluer la maîtresse de la maison, qui leur dit avec son charmant et énigmatique sourire : Vous savez le bonheur qui arrive à cette chère Cécile ? Et, sans attendre leur réponse, elle les quitta pour rencontrer des nouveaux arrivés qui venaient vers elle. Seulement alors, les deux amis cherchèrent des yeux madame et mademoiselle Reinier. Dans une sorte de triomphe, elles étaient fêtées, complimentées, entourées de ces flatteries empressées et turbulentes qu'inspire seul l'amour de l'argent. Par un de ces miracles sans cesse renouvelés à Paris pour les riches, madame Reinier était transfigurée, changée du tout au tout, magnifiquement vêtue et portant haut la tête, avec une fierté implacable et vengeresse. Quant à Cécile, elle attendait anxieusement Étienne Salvage. Elle le vit tout de suite et lui envoya un regard chargé d'amour, de désespoir, de douleur, de tristesse infinie, contenant l'immense regret de l'irréparable, un regard qui disait clairement : Je vous perds, adieu pour la vie! Étienne sentit son cœur percé, déchiré d'une affreuse blessure et son sang le quitter; il eut l'espoir de mourir et son visage devint affreusement pâle.

A ce moment, enfin, Vandrenne joignit les deux jeunes gens, et, sans que leur départ fût remarqué, les emmena dans son cabinet. Tout de suite, sans aucune préparation, il leur dit tout. Les choses s'étaient passées si vite, avec une telle rapidité foudroyante, que le banquier n'avait pas pu prévenir plus tôt Salvage et lui épargner la cuisante morsure de ce sombre adieu éternel. C'est le matin même que madame Réinier avait appris l'invraisemblable bonheur qui réalisait ses vœux les plus fous et retournait sa vie comme un gant. La veuve affamée du sculpteur avait à Toulouse une tante démesurément riche, dont elle devait être légalement l'unique héritière, mais qui d'ailleurs, ne la voyant jamais, l'exécrait à cause de son mariage avec un artiste pauvre, dénué de chance, et comptait bien ne lui rien laisser. Mais, frappée d'une congestion cérébrale, foudroyée trop vite pour avoir le temps de faire un testament, cette vieille dame ignora sans doute en expirant que sa nièce, mille fois maudite, allait mettre la griffe sur son immense fortune. Et quelle griffe! depuis si longtemps aiguisée, limée et affinée par toutes les tentations de la misère, par les privations, par les peines essuyées, par les outrages subis. Ayant le matin même terminé les démarches qui devaient assurer au poète une honorable aisance, Vandrenne était allé chez madame Reinier pour lui parler de Salvage. Mais, avant qu'il eût ouvert la bouche, elle l'accueillit par la grande nouvelle; or le banquier connaissait trop bien la mère de Cécile pour lui dire d'inutiles paroles. Pauvre, elle voulait avec voracité un gendre riche qu'elle n'avait aucun moyen de se procurer. Devenue à présent dix fois millionnaire, elle ne se fût pas contentée sans doute, à moins d'un de ces marchands de porc salé américains qui possèdent des fleuves, des chemins de fer, des pays entiers et des tableaux de maîtres des meilleures marques. Étienne descendit l'escalier à grand'peine, et, arrivé dans la rue, Carion dut le prendre, le soulever dans ses bras pour le mettre dans une voiture, où il entra après lui. Le poète était glacé, gelé jusqu'aux os. Il eut la sensation d'être tombé dans un gouffre où gémissait un noir torrent aveugle.

— Hélas! dit-il à son ami, quand la chaleur de la vie lui revint un peu, nul malheur n'a jamais égalé le mien, car personne au monde n'a perdu ce que je perds!

— C'était inévitable, dit Carion. A vous autres Orphées, on ne montre jamais les Eurydices que pour vous les ravir. Le serpent est toujours là, prêt à les mordre, et tout est dit. On les retrouve quelquefois, il est vrai, d'une façon dérisoire, dans l'enfer de Hadès. L'enfer des millions est plus implacable, et ne les rend pas. Mais, Étienne, il y a un remède qui guérit tout : Travaille!

— A présent, pourquoi? dit Salvage.

— Il n'y a pas de pourquoi, dit Carion. Travaille, parce que c'est la loi. Il naîtra encore des petits, destinés à devenir poètes ou peintres; mais ceux qui les feront, ce n'est pas nous ; c'est des ducs, des papetiers, ou des lampistes. Donc, puisque tu n'as pas été marqué pour faire des enfants, fais des chefs-d'œuvre.

— Ah! dit Étienne, elle ne me pardonnera jamais, elle que j'ai reniée!

Carion, si profondément intuitif, n'avait pas besoin d'explication, pour comprendre la pensée de son ami. Oui, réellement le poëte voyait, triste, l'âme blessée, au bord du fleuve sacré, la figure géante couronnée du noir laurier, la jalouse amante, la Muse qui, d'un geste souverain, le chassait, lui disait : Va-t'en!

Il la voyait vivante, comme elle l'est en effet, calme, désolée, hautaine, et il se sentait rouler dans la solitude obscure, au fond de l'irréparable.

XXIV

Entre ces deux amants fougueux et désordonnés que devenaient pour de longs moments Claudine Vandrenne et Daniel Mathis, il y avait un être importun, qui les gênait tous deux, les empêchait d'être heureux. C'était la Claudine Vandrenne, femme du monde, étrangère, qui arrivait chez Daniel comme une inconnue, ne s'offrait ni au baiser ni au serrement de main et, pour devenir l'amante déchevelée, amoureuse, vautrée dans le plaisir, avait besoin de renoncer violemment à son personnage de la ville, de s'en évader par un bond de tigre. Oui, cette figure indiscrète était de trop; aussi elle devait disparaître, et elle disparut par la force des choses. Mais elle fut supprimée d'un coup, audacieusement, avec ce dédain de la transition qui caractérisait madame Vandrenne.

Au lieu de s'asseoir, comme à l'ordinaire, ou d'errer dans l'appartement avec une certitude naïve, un jour, en entrant, elle se jeta au cou de Daniel, le prit dans ses bras et, après l'avoir aidé elle-même à la dévêtir, se livra tout de suite au délire et à la folie des baisers. Nous avons eu, parmi les grands romantiques, des poètes qui d'abord se présentaient au lecteur avec des préfaces énormes, circonstanciées et voulaient expliquer ou justifier leur inspiration; mais qui, à un moment donné, dédaignant cet éloquent artifice, livraient leur œuvre toute nue et pantelante, en lui laissant le soin de faire sa destinée. Telle fut alors Claudine Vandrenne, qui avait jeté les préparations et les préfaces, comme un lest devenu inutile, et appartenait tout entière au désordre fou de sa passion. Mathis, à qui étaient réservées les plus étonnantes surprises, après une femme énigmatique, tantôt ignorante, inconsciente, et l'instant d'après mordue par les plus cruels aiguillons de la chair, tenait maintenant dans ses bras une femme d'une seule pièce, parfaitement définie, une vraie femme dont la furie ne s'arrêtait pas et qui, à chaque instant, sans repos ni trêve, voulait être violentée, caressée, traitée en courtisane éperdue. A chaque minute, elle implorait, exigeait des baisers plus ardents, des étreintes plus farouches et elle avait la fierté et la frénésie d'une guerrière, à la fois domptée et victorieuse, jamais lassée. Et dans cette fabuleuse transformation, elle ne perdit rien de sa stupéfiante originalité : au contraire.

Elle fut plus que jamais l'être double en qui se voyaient un enfant immatériel et une femme brûlée de tous les feux du désir. Mais, au lieu d'être tour à tour et à des moments différents ces deux créatures, elle les fut à la fois par une sorte de mélange inattendu et monstrueux.

Tandis que ses narines s'ouvraient et palpitaient, et que sa bouche montrait ses gencives roses et ses blanches dents humides, son visage, le front pur, les yeux emplis de ciel exprimaient l'étonnement absolu de l'innocence violée et surprise. Non seulement Daniël ne l'observait pas, ne la jugeait pas, et à propos d'elle ne se souvenait nullement de ce que lui avaient enseigné ses observations et ses études. Près de cette créature imprévue, il était à mille lieues d'une réalité quelconque, et quoique invraisemblable et impossible, il l'acceptait dans son étrangeté, comme un article de foi, qu'il est plus facile d'adorer que de comprendre. Ce qui faisait de madame Vandrenne une femme pareille à nulle autre, c'est qu'évidemment, lors de ses plus violents transports, elle était absente d'elle-même par une pureté obstinée et virtuelle de sa pensée. Et il semblait que la femme nue, aux seins dressés, au torse tendu et frémissant qui se vautrait là, était une étrangère, dont les ivresses exaltées ne la regardaient pas. Sans doute, aux époques lointaines où la Science, non encore jalouse de son domaine défini, souffrait la possession démoniaque, on en eût reconnu les signes chez cette angélique furie à l'âme naïve, gardée par son ignorance, et ne sentant même pas la présence du diable qui s'agitait dans son ventre et brûlait le sang de ses veines.

Une possédée, s'il en exista jamais, ce fut Claudine Vandrenne, car elle ressemblait à une de ces misérables, condamnées à une science dérisoire, parlant comme elles ne pouvaient parler, et sachant des langues qui ne leur avaient pas été enseignées. Maintenant la chaste, l'ingénue Claudine appelait les choses par des noms que certainement elle ne savait pas, expliquait la violence de son désir avec des discours effrontés et disait crûment des mots obscènes qui la faisaient rire. Si Daniel voulait lui parler d'amour, l'apaiser, la ramener à elle-même, elle disait : Non, ne parle pas ! Des baisers, je n'aime plus que cela ; donne-m'en jusqu'à ce que je sois folle ou morte. C'est toi qui as allumé mon sang ; à présent, éteins ce feu qui me dévore. Parfois Daniel terrifié sentait sa pensée s'obscurcir, ou lassé, à bout de forces, voulait réfléchir, se ravoir, Claudine ne lui en laissait pas le temps, et lui disait : Viens, je te veux, ne pense à rien, aime ta Claudine, qui t'adore ! — A ce jeu d'une simplicité primitive, elle avait gagné une santé imperturbable, et perfectionné encore la sérénité de sa beauté délicate, ravivée dans un flot d'éternelle Jouvence. Et de même, en vertu des lois de la physiologie, qu'il avait oubliées comme les dernières gouttes de lait de sa nourrice, Daniel Mathis avait obtenu un complet détraquement. Dans les bras de Claudine, il mourait et se sentait vivre encore; dès qu'elle n'était plus là, il errait, s'en allait au hasard, non seulement ne sachant plus rien de ce qu'il avait appris, inapte à observer, à s'occuper d'un malade; mais encore, ne pouvant plus goûter la joie d'écrire et de lire. Titubant, l'œil égaré, ne se tenant plus debout que par respect humain, il vivait par la seule Claudine, et loin d'elle était comme un homme soûl qui défaille et tombe, dès qu'il ne boit plus d'alcool.

XXV

Pourtant sa situation se régularisa et devint plus supportable, car on s'habitue aux états les plus meurtriers, comme les anguilles, à ce qu'assurait une marchande de poissons, s'habituent à être écorchées.

Jouant, lui aussi, le personnage d'un possédé, appartenant non pas à Claudine Vandrenne, mais à sa chair et à l'odeur de sa peau, Daniel Mathis, la tête vide, la mémoire absente, ayant perdu toutes les notions qu'il possédait; Daniel devenu si sauvagement indifférent qu'il aurait vu sans dire: ouf! périr toute la race humaine, s'était fait cependant une apparence de vie réelle, qu'il vivait par imitation et par ressouvenir, en état de somnambulisme. Toutefois, il avait besoin de se surveiller, de faire un effort au milieu de son rêve, pour être propre et convenablement vêtu et pour ressembler à un être civilisé. Il y ressemblait et même, par instants, paraissait répondre à ce qu'on lui disait. Il assistait à des réunions, à des dîners de médecins, et arrivait à parler à peu près comme tout le monde, tant le lieu commun suffit à représenter la pensée du premier venu. Et puis l'anéantissement voluptueux, comme l'ivresse, peut quand il est quotidien, être supporté décemment. Nous avons vu de très grands seigneurs, des princes même, ayant l'habitude d'être soûls tous les soirs, porter leur ivresse avec une distinction irréprochable quoique un peu raide, et faire belle figure dans les salons où on peut continuer à les admirer, à la condition de ne pas trop s'apercevoir qu'ils se meuvent tout d'une pièce, comme des pantins. Tel fut Daniel. Seulement dans les bras de Claudine, se soûlant d'elle, buvant et rebuvant son ivresse, il était lui, jeune beau, intelligent comme naguère, étonnamment spirituel.

Loin d'elle, il devenait cette marionnette à peu près correcte, qui parlait comme un phoque savant, et par une évocation de sa volonté, momentanément ressuscitée, jouait son rôle tant bien que mal, au milieu des autres acteurs. Mais s'il se trouvait seul dans la rue, ne se sentant pas observé, abandonné sans défense au néant qui s'était emparé de lui, alors il était presque un vieillard, à la bouche tombante, à l'œil atone, à la démarche incertaine et vague. Son teint brouillé et sombre indiquait une irréparable désorganisation de tout l'être, et son geste, son regard étaient d'un enfant qu'amusent des spectacles sans intérêt ou des pensées initiales. Enfin, il était devenu le spectre, le cadavre ambulant que la Matière fait toujours de quiconque se donne à elle, exclusivement. C'est ainsi, dans une telle ruine, dans un tel effondrement que Suzanne Brunel rencontra Daniel en pleine rue. Elle fut épouvantée et stupéfaite et marcha vers lui; mais Daniel la regarda stupidement et ne sembla pas la reconnaître. Il reconnaissait les gens, comme peut le faire un fou qui s'applique, lorsque son intérêt l'y forçait, par exemple dans le salon Vandrenne, ou parmi ses confrères. Mais en dehors de ces exceptions, que lui imposait rigoureusement la nécessité, il ne pouvait pas et ne voulait pas savoir à qui il avait affaire. Suzanne se sentit navrée, frappée en plein cœur. Elle pensa qu'il était criminel de laisser s'accomplir jusqu'au bout cet inepte suicide, et elle courut chez Marcelle Rabe.

— Me permets-tu, lui dit-elle, de te parler de Daniel?

— Non, lui dit durement Marcelle Rabe. Que viens-tu me dire? Que tu l'as vu, qu'il se meurt, qu'il n'est déjà plus que l'ombre de lui-même. Eh! crois-tu donc que je ne le sais pas? Moi aussi, je l'ai vu, j'ai vu avec horreur les progrès de son agonie, je l'ai suivi en versant des larmes de sang, et sans que rien l'avertît que j'étais là, près de lui, l'âme déchirée. Oui, tout ce que tu croyais m'apprendre, je le sais depuis longtemps, et je ne veux pas qu'on m'en parle. Si une autre que toi avait prononcé ici, devant moi, le nom de Daniel, je l'aurais chassée. Mais toi, je t'aime assez pour te pardonner le mal que tu me fais. Mon cœur n'a pas changé depuis que je te l'ai montré tout entier. Je me suis séparée de Daniel, je l'ai donné à un amour meurtrier, j'ai joué sa vie, pour lui éviter le plus grand de tous les malheurs, le dernier degré de la honte et de l'avilissement, pour le sauver de ce vil destin : être l'amant d'une prostituée. Certes, il peut mourir, tué par sa passion, qui me semble affreuse, et que nous avons commis le crime de réveiller. Mais qu'il meure, il le faut, ou qu'il soit lui-même et achève sa destinée.

— Mais, dit Suzanne, ne vis-tu pas à présent comme la plus chaste et la plus pure des femmes ?

— Eh ! qu'importe, dit Marcelle. Rien ne peut laver la boue dont nous sommes souillées et effacer les taches de nos âmes. Ah ! les poëtes ont menti en prétendant qu'une créature comme nous peut renaître et retrouver une vie nouvelle dans les bras de l'époux librement choisi. Certes, elle n'est pas incapable de se racheter, de se délivrer, de se revoir telle qu'elle fut avant ses ignobles chutes, mais à condition que ce soit dans une existence tout idéale, et dans laquelle la matière n'ait aucune part. Oui, Constance peut devenir digne de Camille, mais pourvu qu'elle n'appartienne pas à Camille, et ne mêle pas les pures délices de ses baisers aux fanges du hideux passé. Oui, certes, je vis chaste, sans que rien me touche ou m'effleure; mais, sans qu'il le sache, à chaque instant je me donne à Daniel, pure et digne de lui. Je souffre autant que lui-même les douleurs qui l'affolent, l'avilissent et le tuent; comme lui et avec lui, je traverse l'affreux torrent dont le flot le noie et l'étouffe; mais sans cela ne jouirais-je pas du bonheur le plus complet et le plus absolu qui puisse exister sur la terre? Je suis tout entière à mon amant; c'est à lui que sont mes pensées, mon âme et aussi mon corps; car à chaque instant, ma lèvre est prête à son baiser, qu'elle ne recevra jamais ! Imagine ce qu'il y a de délire et de profonde joie dans la vie que je me suis faite. Pour être à toute minute digne de mon Daniel, j'ai évité toute souillure, non seulement à mon corps mais à mon esprit. J'ai chassé loin de moi toutes les idées impures, qui d'ailleurs ne viennent plus me solliciter. J'ai supprimé par la volonté, tout ce qui s'est passé dans mon existence atroce; je suis redevenue ce que j'étais à Chenove, toute petite fille. En dormant, je pense à Daniel, en m'éveillant aussi, et dès que mes yeux se sont ouverts, je m'occupe de lui, je me façonne pour être la jeune fille promise à ce fiancé qu'elle attend, et pour qui elle se garde. Quant aux infamies de ma vie, je n'ai pas à les oublier; elles sont anéanties et ne m'ont jamais salie. Dès le matin, à chaque minute, je modèle mon visage, mes traits pour ressembler à celle qu'il doit aimer. Je règle mes pensées de façon qu'il fût toujours content, s'il pouvait voir ce qui se passe en moi. Et dans la solitude la plus profonde, je veux que mes gestes et mes attitudes obéissent à la pudeur la plus chaste, afin de redevenir celle qui l'aurait mérité, s'il lui eût été donné de le rencontrer alors.

— Mais, dit Suzanne, à présent que tu as fait pour lui le plus grand et le plus impossible des miracles; que, transfigurée, tu es maintenant la pâture choisie de son amour et de son désir, s'il revient à toi, libre, désabusé de ce qui n'est pas toi, affranchi de la passion folle qui le tue !

— Oh ! dit Marcelle, je l'adore, et je le fuirais, je me refuserais avec horreur à ses caresses, car c'est idéalement que je puis être heureuse, et les meilleurs baisers réveilleraient dans sa chair et dans la mienne le souvenir des plus vils baisers. J'ai brûlé, rajeuni et purifié mon âme dans les flammes de l'amour; quant à mon corps, irrémédiablement sali, il faut qu'il soit comme s'il était mort. Celui que je voudrais et que je veux lui donner, c'est le corps de la jeune fille qui n'est plus là ! Et s'il peut ressusciter, c'est à condition de ne pas être souillé, même par lui.

— Ma chère Marcelle, dit Suzanne, le bonheur que tu savoures me fait l'effet d'une viande bien creuse, et il me semble que tu cherches des moyens bien trop compliqués pour t'empêcher d'être tout bonnement heureuse.

— Il faut que tout se paye, dit Marcelle. J'ai vendu ma chair, et je ne puis faire qu'elle n'ait pas été vendue. Tout ce qui m'est possible, c'est de ne pas l'avilir davantage, et de garder tout entière à mon ami la femme qu'il a créée et qui n'est pas un être matériel. Ce que j'espère, c'est que si, à la lueur de quelque éclair divin, Daniel peut regarder en moi, il y voie son image adorée dans une perpétuelle extase. Et puis, pourquoi ne te dirais-je pas tout ? Par je ne sais quel prodige, que je ne puis expliquer, mais auquel je crois, je me figure que mon désir fixé sur lui entoure Daniel, le soutient, le protège et lui rendra la force dont il a besoin; car mon immense tendresse ne peut être perdue, et il faut bien qu'elle serve à quelque chose.

— Mais, dit Suzanne, dans ce qui régit le destin de nos tristes cœurs, y a-t-il une justice ?

XXVI

Et pourtant, il y en a une, même pour les créatures les plus abandonnées et les plus désolées. Précisément parce que l'âme, parce que l'esprit de Daniel n'étaient plus que confusion et désordre, la vérité, comme un rayon fulgurant, éclata dans cette nuit noire, où rien ne pouvait contrarier sa lueur divine. Il se produisit ce phénomène en ap-

parence inouï que la transfiguration de
Marcelle fut connue de Mathis, qu'il en eut
la révélation inconsciente par une de ces
communications spontanées qui, à notre intelligence ignorante de toute vérité, font
l'effet d'être surnaturelles. Les mages modernes qui ont retrouvé quelques bribes des
sciences de la Chaldée, envoient poétiquement à leurs amis éloignés d'eux, à travers
les murailles, qu'elles fendent sans être
froissées, des fleurs encore vivantes, fraîchement coupées, sur lesquelles perlent des
gouttes de rosée. C'est ainsi que, traversant
les murs, les maisons, la ville bruyante, la
chaste vie de Marcelle, sa tendresse absolue
et fidèle, le parfum de son cœur, brûlé d'un
amour unique, furent révélés à Daniel.

Dans un lointain auquel, comme dans les
rêves, il sentait bien qu'il ne pouvait atteindre, il voyait malgré lui, très nettement,
Marcelle Rabe tranquille, bonne, dans le
calme d'une existence délivrée des soins

misérables et de tous les vils appétits. Il voulait, comme naguère, continuer à la haïr, à la calomnier, à la traîner dans la boue, pourtant depuis longtemps nettoyée, de ses anciens vices; mais il ne le pouvait pas, n'étant plus maître de lui, et obéissant à une évidence plus forte que son injuste aveuglement. En dépit de lui, et quelques efforts qu'il fît pour la travestir, l'honnête figure de Marcelle lui apparaissait dans sa simple et sévère beauté. Il la voyait sincère, nullement égoïste, ayant l'appétit de la souffrance et du sacrifice.

Il ne voulait pas qu'il en fût ainsi, n'y consentait pas et il gardait le blasphème sur sa bouche ingrate; mais il n'avait plus la force de créer le mensonge et de se refuser à la vérité qui l'assiégeait, s'emparait de lui, comme une végétation verdoyante prend d'assaut une ruine.

Ainsi, en même temps que sa haine pour Marcelle Rabe lui échappait, s'écroulait, stupéfaite, sa tyrannique passion pour madame Vandrenne continuait à le posséder, à lui entrer ses griffes dans le cœur; mais l'ardente, la sauvage idylle amoureuse était accompagnée au loin par des rires moqueurs et par des huées ironiques. Oui, cette passion, toujours victorieuse et invincible, se désorganisait pourtant, tournait à la parodie, et par une étrange perversion des sentiments et des pensées, se perdait en hallucinations folles et en désordres bizarres. C'est ainsi que Daniel voulait continuer à voir dans Claudine Vandrenne, malgré sa transformation en une femme dévorée de désirs, pâle d'amour, ivre de volupté, — l'être immatériel, l'apparition envolée, la virginale figure de missel qu'il avait adorée tout d'abord. Mais par un jeu particulier de son affaiblissement et de sa démence, c'est précisément lorsqu'il la tenait nue, joyeuse et farouche entre ses bras, qu'il lui voyait son aspect d'insouciance céleste et enfantine. Au contraire, dans son salon où redevenue svelte, idéale, immatérielle, comme nimbée de lumière, vêtue comme une sainte et comme une reine, de robes à fleurs d'or semées de pierreries, elle était pareille à une idole mystique, Daniel n'était plus le maître de la voir ainsi, et il était le jouet d'une illusion singulière. Il lui semblait que pour exciter les sens par ce déguisement violent, Claudine était une diablesse vêtue en sainte, qui, dans un salon flambant de lumière, d'esprit, d'amour, de chairs nues et de diamants, menait un immense sabbat et faisait boire à ses hôtes des breuvages d'oubli et de folie.

Et lorsqu'il arrivait le vendredi soir à l'hôtel de la rue Ballu, la tête si lasse, si vide et si troublée qu'il marchait dans une fiction et dans un rêve, cette fantasmagorie commençait pour lui dès l'antichambre où les valets corrects et superbes lui apparaissaient dans leur grossièreté bestiale avec des têtes d'animaux divers, stupides et féroces.

Les fleurs dont les escaliers étaient garnis lui semblaient même respirer des poisons. Enfin, il entrait dans les salons, où le splendide troupeau des femmes imitées et copiées de Rubens était comme un hymne vivant à la gloire de la chair, tandis que dans cet enfer d'esprit et de volupté, les innombrables damnés baisaient et dévoraient du regard la triomphante Claudine, occupée à mettre leurs âmes sous ses pieds, et répétant tout bas les mots qu'ils ne pouvaient prononcer et qui voltigeaient sur leurs lèvres : Cher Belzébuth, je t'adore. Elle parut une diablesse en effet, ou du moins Daniel la voyait ainsi; la bouche au vent comme une petite fleur écarlate, elle allait à travers les hommes, tantôt leur parlant à l'oreille, ou leur serrant la main dans une caresse furtive, ou dans quelque coin de rideaux et de draperies, leur donnant son bras ou son cou à baiser. Dans ce cauchemar éveillé, il semblait à Daniel que ces hommes éperdus se contraignaient un moment par hypocrisie, mais que tout à l'heure ils pousseraient des cris de fureur et des hurlements de joie, Claudine conduisant alors l'orgie échevelée, et levant ses bras où frissonne une tache d'or. Et plus la soirée se continuait en des conversations hardies, rapides, primesautières, exprimant l'âme orageuse de Paris, plus Daniel croyait voir Claudine, avec son air innocent et sa bouche ingénue, jetant dans les oreilles de ses hôtes une parole brûlante ou leur serrant subrepticement la main et il s'en allait enfin, affolé, brisé, meurtri, ayant vu de ses yeux la bien-aimée, muée en une courtisane délirante, et emportant dans sa tête le bruit, la cohue, le tumulte, l'épouvante de la fête.

Alors si las, si étourdi par le murmure de la foule et par les cruelles illusions qui s'attachaient à lui et le suivaient, il pensait à Claudine avec une telle horreur qu'il aurait voulu fuir, ou plutôt il aurait voulu qu'elle n'eût jamais existé, et il ne connaissait plus d'elle que le monstre chimérique apparu dans l'ivresse de l'hallucination et dans l'enfer du rêve.

Mais aussi, avec quel ravissement ineffable il la retrouvait, lorsqu'elle était chez lui et toute à lui, car alors livrée, adorée, caressée, nue dans ses bras, elle retrouvait son ignorance enfantine, et certes, ne comprenait pas les mots qu'elle disait. Dans sa bouche, les paroles les plus effrénées devenaient une musique chaste et prenaient les intonations d'une délicieuse inconscience. Une fois, et cela lui arrivait bien rarement, après des spasmes, des folies, des fureurs qui eussent suffi à briser un athlète, elle s'était endormie, lassée, avec une douce respiration, avec un souffle égal et pur, ayant sur ses traits l'expression d'un calme reposé.

Daniel la regardait dormir, si enfant, si jeune, ayant l'air d'avoir treize ans, comme Juliette, et toute délicate et tendre comme une fleur. Un grand moment, il la laissa sommeiller; mais enfin, il n'y put tenir, couvrit son cou et sa poitrine d'ardents baisers, et alors elle s'éveilla, heureuse, apaisée, souriante, comme si jamais rien n'eût troublé et enfiévré sa petite âme.

— Ah! dit Daniel, si tu voulais, nous laisserions là le mensonge, la cruelle contrainte, et tout ce qui nous empêche d'être complètement l'un à l'autre, et nous irions vivre dans quelque campagne solitaire et déserte, où il n'y aurait avec nous que la mer bleue et le ciel, et où je t'adorerais éternellement et sans cesse, dans le ravissement d'une extase aussi profonde que la mort.

— Ah! dit Claudine, qui alors se levant à demi, rougissante et rose, eut tout à fait l'air d'un petit enfant, je le veux bien, si tu le veux. Mais alors comment ferai-je pour aller dans le monde?

XXVII

Pour obéir à la mode récente qui s'efforce de ressusciter un art mort avec le grand Deburau, on joue ce soir chez les Vandrenne une pantomime inédite qui, s'il faut en croire les indiscrétions, a une portée philosophique et met à nu les replis du cœur humain. Elle est intitulée *Flirt amer*, ainsi que l'indique, dressée sur une console, une affiche au pastel de Chéret, qui en reproduit à l'avance les principales situations. C'est vraiment la comédie comme elle doit être, car les spectatrices théâtralement parées font partie du spectacle et les acteurs, pensifs et modernes, font partie de la vie. Par une invraisemblance qui donne l'illusion de la réalité, un lustre brille en pleine campagne, comme un soleil d'amusement et de fête. Le théâtre sur lequel vont paraître mademoiselle Invernizzi et Coquelin Cadet a été dressé par un habile machiniste, et le décor peint par Jambon, enchante les yeux de sa couleur joyeuse et attendrie.

Dans la foule des femmes brillantes de diamants et des hommes aux plastrons de neige s'élève un murmure pareil à celui des vagues de la mer. Mais bientôt se fait un profond silence ; car le compositeur Paul Vidal s'est mis au piano et joue les quelques mesures d'introduction, où déjà palpite le drame de l'amour, avec son envers ironique.

Le rideau de scène, en s'ouvrant, laisse voir une assez grande étendue de pays, au printemps, au bord d'un fleuve. A l'horizon, une chaîne de montagnes lilas et roses, aux contours fantasquement découpés. Au-dessus des autres cimes s'élève la silhouette très connue et légendaire du Fushi-Hama, couronné de neige rose, et coupé vers le milieu par une bande de nuages d'or. Sur la rive qui est le plus près du spectateur se présentent des arbres fruitiers couverts de leurs fleurs roses et blanches. Parmi les fleurs voltigent, attachées aux menues branches, de petites bandes de papier, couvertes de caractères noirs et or. Ce sont des prières adressées aux Dieux pendant la Fête du Printemps, et que le vent est chargé de transmettre à qui de droit. Au tout premier plan, à droite, un bout de balustrade en bois peint en rouge, et toute envahie de plantes grimpantes aux fleurs éclatantes. Au milieu de la clôture s'ouvre un tôri ou pylône en bois peint en rouge aussi, et orné de caractères de bienvenue, dorés. Au linteau sont pendues des lanternes de papier de toutes formes et de toutes couleurs. Tout à fait devant la porte, s'élève un grand mât de bambou au sommet duquel se balance un gigantesque poisson en papier rouge et rose, gonflé et auquel le vent prête des allures de vie. A travers les arbres on entrevoit des maisonnettes couvertes en bois jaune clair. Les volets sont enlevés; on aperçoit les transparents de papier. Les châssis parfois ouverts laissent voir l'intérieur des maisons.

A gauche, sous un bouquet d'arbres, une vieille statue d'un dieu, toute bossuée de boulettes de papier lancées par les fidèles, après leur prière. A côté, une grande lanterne de papier, posée sur un piédestal quadrangulaire. Le fleuve, d'un bleu multiple, est couvert d'embarcations légères, conduites à la rame et garnies de lanternes et de rubans qui flottent au vent.

Le ciel, très bleu en haut, se dégrade insensiblement (par bleu, violet, mauve, lie de vin, rose pâle, blanc) pour arriver dans le bas à une bande d'un pourpre très violent (par blanc, rose pâle, rose, rose vif, rouge, rouge laque, cramoisi, pourpre.) Près de l'eau, sur l'autre rive, des maisons encore, ombragées de frênes pleureurs, aux feuillages de différentes nuances. Derrière, des rizières. Le ciel est rayé de cerfs-volants de toutes couleurs. Là des grues volent en lignes. D'ailleurs cette nature de crépon ne signifie en aucune façon que l'action doive se passer dans l'extrême Orient; car au contraire, un poteau indicateur a soin de nous avertir que nous sommes à Chaville. Si le décor a été conçu dans cette note fleurie, c'est parce que le Japon est encore chez nous ce qu'il y a de plus parisien et de plus moderne. Mais la pièce commence.

Entre Pierrot, habillé de blanc et ayant sur son serre-tête un chapeau blanc, sur lequel est écrit en grosses lettres le mot : *Psychologue*. Il fait très chaud. Pierrot s'essuie le front, et jette le chapeau, qui le gêne.

Arrive Colombine. En apercevant Pierrot, elle exprime une joie infinie, cependant mitigée par un pli railleur de sa lèvre enfantine. Alors les deux amants égalent

Molière, en ce sens qu'ils font une scène d'amour extrêmement réussie. — Mais, dit Pierrot, m'aimes-tu exclusivement? M'es-tu fidèle? — Jusqu'à la démence, dit Colombine. — C'est ce qu'il faudra voir, dit Pierrot. Il montre à Colombine un rosier fleuri, et tandis qu'elle se penche pour cueillir des fleurs, il dirige sur elle son influx nerveux. La jeune fille, hypnotisée et domptée, appartient à son vainqueur, comme une proie.

— Maintenant, lui dit Pierrot, il s'agit de dire la vérité. — Jamais de la vie, dit Colombine. — Je le veux. Avec qui m'as-tu trompé le plus récemment? — Colombine, par des gestes clairs et pittoresques, désigne Arlequin. Pierrot, comme tous les gens trompés, veut des détails. Colombine mime alors ses amours avec Arlequin, où ils sont souples, voluptueux et cruels comme deux chats. — Cela ne se passera pas ainsi, dit Pierrot, indigné. Donne-moi ton collier.

Colombine lutte désespérément, mais finit par donner le collier, et de même tous ses joyaux, broche, pendants d'oreilles, bagues.

Mais Pierrot n'en sait pas encore assez. Il veut aller au fin fond des choses, et il enchante sa bien-aimée par de nouvelles passes magnétiques. Brisée, elle tombe sur un banc de gazon, et s'y endort. Pierrot se penche sur elle, ouvre sa poitrine, et en tire son âme, une petite Psyché, aux ailes de papillon. Il l'interroge tout bas, et la place ensuite près de son oreille. Psyché lui fait des révélations, si terribles, si nombreuses, si accablantes que Pierrot souffre à la fois dans sa jalousie et dans toutes ses pudeurs. Et il fait mille efforts pour faire taire cette petite Ame ; mais elle est lancée, il n'y a pas moyen de l'arrêter. Elle dit tout, pendant qu'elle y est. Pierrot, furieux, lui relève sa jupe, et lui flanque une fessée, sur son petit derrière d'Ame. Puis, respectueusement, il la remet à sa place dans la poitrine de Colombine, et aussitôt, il éveille sa bien-aimée, pour lui chercher querelle. Fureur de Colombine, en voyant que Pierrot lui a volé ses bijoux. — Rends-les-moi, dit-elle. Pierrot refuse passionnément; pour qui le prend-on?

— Non, dit-il avec noblesse. Tu me les as donnés par amour. C'est le fruit de mon travail. Il ne sort pas de ce raisonnement captieux, et désespérant de lui faire entendre raison, Colombine prend un parti énergique. Elle a recours aux grands moyens. Elle commence une danse endiablée, enlaçante, voluptueuse jusqu'au délire, qui allume Pierrot comme un amadou. Cet analyste n'y tient plus : il lui faut un baiser. Colombine profite de l'amour qui brûle son ami, pour lui faire rendre le collier d'abord, puis tous les autres bijoux. Pierrot lui attrape bien à la volée quelques baisers; mais il a tout rendu, et il est plus que jamais dévoré d'un feu inextinguible.

Il adore Colombine, il l'adjure, il la supplie ; mais la petite singesse le traite comme s'il présentait une comédie de poète au théâtre de la Foire. Exaspéré, fou de désir, Pierrot ne ménage plus rien; il se décide à faire entrer la garde impériale dans la fournaise. En d'autres termes, il tire de sa poche une bourse bien gonflée, et la montre à Colombine.

— Comme ça, je veux bien, dit-elle.

Avec regret et avec une féroce avarice, Pierrot choisit dans la bourse une pièce d'or toute mince, toute bossuée, tout usée et l'offre à son amante qui, en retour, avec parcimonie, lui donne à baiser l'ongle de son petit doigt.

Il n'y a pas là de quoi éteindre le feu abominable qui le dévore. Avec un soupir à déraciner ses propres cornes, il choisit dans sa bourse un second louis, encore plus aplati et usé que le premier. Avec un esprit non moins pratique, Colombine lui tend l'ongle de son quatrième doigt. Il le baise avec rage; mais trouvant cette concession insignifiante, il arbore l'étendard de la révolte.

— Comme ça, dit-il, ce serait trop long ! Je me fiche de ton ongle. C'est bien autre chose qu'il me faut. *Ce que je veux de toi, ce n'est point faveurs vaines. C'est l'âme de ton corps, c'est le sang de tes veines.* Et plus vite que ça ! En moins de temps qu'il n'en faut pour l'écrire, il se précipite sur Colombine, et veut se livrer sur elle à tous les outrages, aux premiers comme aux derniers. Mais elle profite de cet effort, pour rafler la bourse, que Pierrot tient toujours à la main. Prières, menaces, amour, il emploie tout pour la ravoir; mais c'est justement comme s'il chantait une ariette empruntée aux plus mauvais jours de l'Opéra-Comique. A bout d'inventions, ayant tout épuisé inutilement pour ravoir son argent, il prend un parti désespéré, et tombe aux pieds de Co-

lombine. — Je t'aime, dit-il, marions-nous.
— Je veux bien, dit-elle.

Aussitôt paraissent deux petits Amours, portant un autel, sur lequel brûle une flamme écarlate et rose. A leur suite vient un dieu facétieux et ironique. C'est l'Hymen. Il porte son nom écrit sur sa poitrine; mais en se retournant par un mouvement rapide, vu des seuls spectateurs, il montre, écrit sur son dos un autre mot. C'est : Divorce. Il unit les amants, et se retire, avec les Amours, qui emportent l'autel. Alors Pierrot s'assied sur un tertre, et joue de la flûte. Sur cette musique, Colombine mime et danse un *Pas au public*.

D'abord, d'un geste voluptueusement coquin, elle s'offre, se donne tout entière et elle envoie des baisers ardents et fous aux dames et aux messieurs qui, réunis dans le salon de madame Vandrenne, composent le public. — Voulez-vous savoir qui j'aime? dit-elle avec une adorable effronterie. Eh bien, ce n'est ni Pierrot, ni Arlequin, ni d'autres, que je pourrais nommer. C'est vous ! Car une comédienne n'aime que le Public ! Surtout, lorsqu'il est, comme ce soir, trié sur le volet. Ces bras, ces épaules, ces lèvres que mes amoureux me demandent, acceptez-les, prenez-les, donnez-vous-en à cœur joie...

— Eh bien !!! dit Pierrot indigné. Il jette sa flûte, descend du tertre et saisit les bras de Colombine, et parfois aussi lui met sa main sur la bouche, pour l'empêcher d'aller plus loin dans son indiscrète pantomime. Il va l'entraîner, le forcer à venir cacher sa honte dans la coulisse, lorsqu'il est arrêté par des voix qui lui ordonnent de nommer l'auteur. Il obéit sans cesser de tenir et de maintenir sa femme. — Mesdames, dit-il avec un aimable respect, et il ajoute avec un mépris mal déguisé : Et messieurs ! une pantomime n'a pas d'auteur. Celle-là, comme les autres, s'est faite toute seule. Elle a jailli, comme un lys. —

Quant à la musique, dit Colombine... — Elle se tait, puis, après un long applaudissement, désigne de la main Paul Vidal, qui vient de se lever, quittant le tabouret du piano, mais trop tard pour esquiver son triomphe.

Cette pièce avait été merveilleusement jouée, avec une fantaisie si réaliste et si profondément humaine, que les spectateurs, attachés par cette Scène de la Vie, étaient restés sous le charme. Seule, plus ingénue que jamais, avec sa petite bouche, devenue si petite qu'elle ressemblait, non plus à une rose, mais à un bouton de rose, madame Claudine Vandrenne interrompit le silence, et dit avec l'innocence du triste agneau, que va égorger le méchant loup :

— Quoi ! est-ce donc ainsi, l'amour ?

Cette question, ce cri qui partout ailleurs, à cause de sa formidable naïveté, eût retenti comme un étonnant cri d'oiseau, ne causa ici nulle surprise ; car depuis longtemps domestiqués, réduits en esclavage, les hôtes de madame Vandrenne acceptaient son personnage en bloc, avec tout le merveilleux qu'il comporte. Mais à Daniel Mathis il apporta un rafraîchissement inouï, et l'ivresse d'une volupté pure. Prononcés par la délicieuse voix de madame Vandrenne, ces mots : Est-ce donc ainsi, l'amour ? magiquement effacèrent tout, les orages, les furies de passion, et lui rendirent Claudine enfant, telle qu'elle lui était apparue dix années auparavant dans les rues de Saint-Denis. En effet, elle ne savait pas cela, elle ne savait rien, elle avait la sainte ignorance de tout, virginale figure poétique, et le reste n'était que rêve.

Tandis qu'on s'empressait autour de mademoiselle Invernizzi et de Coquelin Cadet, entra Paul Vandrenne qui, retenu à son journal par de graves informations politiques, n'avait pu assister à la comédie. Mais il n'eut pas besoin de s'excuser, car il apportait, toute saignante, une grosse nouvelle, que Paris pouvait dévorer tout de suite, sans prendre le temps de la dépecer. Quoique l'Exposition ne dût pas s'ouvrir avant un grand mois, et par conséquent, avant le jugement de la presse et des artistes, les deux tableaux de Jean Carion avaient été magnifiquement vendus, tous les deux au même acheteur, qui les avait payés un prix royal, et qui avait mis les billets de banque sur la table. Et celui qui avait fait ce coup n'était pas monsieur Vanderblit, ou tout autre Américain; c'était un Anglais, lord Henry Cundall, le collectionneur des eaux-fortes uniques de Rembrandt, ce grand seigneur, qui possède non seulement des châteaux, des forêts et des prairies sans fin dans les comtés, mais des rues, des places, toute une portion de Londres, et, comme le duc de Devonshire, des serres pleines d'arbres d'Amérique et d'Orient, chargés de fleurs, où l'on se promène dans les allées, en calèches à quatre chevaux. Vandrenne jeta sa nouvelle simplement, sans préparation, elle n'avait pas besoin d'être enjolivée ! Mais il ne dit pas le chiffre de la fabuleuse somme énorme, ne voulant pas gâter la surprise par trop d'effet, ni ôter aux journaux du lendemain le plaisir de faire éclater ce chiffre comme une bombe.

— Eh bien ! dit le journaliste Malexis, il y aura quelque chose de plus étonnant que la prodigalité de lord Cundall, c'est qu'elle ne fera pas de jaloux ; car Jean Carion est un tel piocheur que nul de ses camarades ne voudrait avoir son talent, à condition de travailler autant que lui, et avec son labeur féroce, il s'est mis hors de tous les cadres. On aurait trouvé très bien qu'il succombât foulé, piétiné, réduit en bouillie par les gens pressés ; on trouvera juste aussi qu'il triomphe prodigieusement. Car il ne fait concurrence à personne, et il est, je crois, le seul de son espèce.

Malexis ne se trompait pas. Quoiqu'il

y eût là de nombreux artistes, on ne vit se
manifester nulle envie, nulle rivalité de rival
mécontent ou trop content. Cependant l'impression était vive ; le murmure d'admiration
des Parisiens présents ressemblait au frémissement d'un fer rouge plongé dans l'eau.

— Mais, dit Vandrenne, il y a eu dans
tout cela un personnage plus extraordinaire
que l'Anglais qui porte des centaines
de mille francs dans sa poche, et que
l'artiste qui attendait impatiemment son
départ, pour se remettre au travail. Ce personnage, ç'a été le vieux modèle Quaranta.

— Ah ! dit le dessinateur Fleuriel, est-ce
que lord Cundall l'a acheté aussi ?

— Ça ne serait rien, dit Vandrenne. Plus
étonnant. Jean Carion, pour qui il a été un
serviteur précieux, a voulu le mettre à l'abri
du besoin et, pour cela, lui constituer une
petite rente.

— Et, dit Fleuriel, Quaranta a refusé ?

— Oh ! dit Vandrenne, très simplement;

sans dire un mot. Par un geste net et sans prétention. Même, ennemi par instinct de tout effet sentimental, il s'est abstenu de bourrer une pipe.

Dans le salon, mis en émoi par cette bizarre anecdote, un seul être fut envahi par une immense tristesse. Ce fut Daniel Mathis. Il voulait être heureux du bonheur de Carion, il l'était sans doute, mais il ne put s'empêcher de songer avec un atroce serrement de cœur, à ce qu'aurait dû être sa vie, et à ce qu'elle était.

— Mais, dit la jolie madame Moyne, que représentent les deux tableaux de monsieur Carion?

— Madame, dit Vandrenne, l'un montre Job sur son fumier, et l'autre les Danaïdes essayant de remplir leur tonneau.

— Ah! dit madame Moyne, de bien vieilles histoires! Pourquoi ne pas représenter la vie moderne, qui est plus variée, plus imprévue, plus amusante que tout?

— Oui, dit madame Malsang, les temps passés, il faut laisser cela à mon mari, pour faire des opéras.

— Mais, dit madame Moyne, s'adressant au maître incontesté des feuilles volantes, au sage et spirituel Malexis, est-ce qu'on peut vraiment, avec un art quel qu'il soit, évoquer les âges évanouis?

— Madame, dit Malexis, je ne saurais être impartial dans la question. Je suis un faiseur de nouvelles à la main, et ma profession consiste à raconter les anecdotes les plus récentes, et même celles qui ne sont pas encore arrivées. Généralement nous les empruntons à Chamfort, et j'ai quelques raisons de croire qu'elles lui sont arrivées de l'Égypte et de la Chaldée par les chemins de traverse de l'histoire, et qu'elles ont été apportées dans l'ancienne Grèce par des marchands phéniciens. Mais je ne puis, certes l'avouer à brûle-pourpoint; car comment faire comprendre aux gens que tout le mérite d'une historiette consiste dans la façon de l'écrire?

— Et vous, messieurs, dit madame Vandrenne, ne voudrez-vous pas nous tirer de peine, et nous dire si pour vous il existe autre chose que le temps présent?

Elle interrogeait ainsi, en se tournant vers le groupe silencieux que formaient trois grands romanciers : Paul Edeline, avec ses yeux d'un sombre azur et sa longue chevelure blonde, Jacques Périal, au profil noble et sévère comme celui de Caïus Gracchus, et Étienne Laurencie, fauve, au teint arabe, brûlé par le soleil. Tous les trois, comme on le sait, sont encore très jeunes. Mais ils ont écrit tant de livres, tant de pages, tant de lignes, tant de lettres, que déjà ils se taisent, quand ils n'écrivent pas. Car à quoi bon frapper l'air de paroles vaines?

— Madame, dit Laurencie, la vie nous presse, nous étreint, nous sollicite avec ses problèmes inouïs, et nous passerions notre temps à rhabiller les mannequins de Walter Scott!

— Mais, dit madame Sansz, il y a aussi ceux de Shakespeare, c'est-à-dire toutes les variétés de l'homme tel que Dieu l'a fait, et sur lequel on voit encore les bavochures du moule! Quant à moi, rien ne me semble plus moderne que la jeune fille recueillant la tête et la lyre d'Orphée, et que cet autre chef-d'œuvre de Gustave Moreau, Hélène, reine de Sparte, tenant à la main la fleur écarlate. Flaubert, que vous ne renierez pas, a écrit *Salammbô* et *La Tentation de saint Antoine*. Et un soir, comme nous sortions de chez Victor Hugo et qu'il ne me savait pas si près de lui, je l'ai entendu crier, en pleine rue de Clichy, de sa magnifique voix enthousiaste, des strophes des *Orientales* !

— Eh! madame, fit Jacques Périal, comme disait certain curé d'almanach liégeois, à propos de Jésus changeant en vin l'eau des noces de Cana, ce n'est pas ce qu'il a fait de mieux. Pourtant, il faut absoudre cet immense génie, à cause de *Madame Bovary*.

— Oui, dit madame Sansz, toujours l'histoire de Racine, à qui on pardonne son *Andromaque*, seulement à cause des *Plaideurs*. Mais pour imaginer *Les Plaideurs*, il faut avoir été capable d'écrire *Andromaque*!

— Pour moi, dit Laurencie, Dubois ou Dumont, employé à deux mille cinq cents francs, et marié à une femme frivole, qui fait des notes chez sa couturière, m'intéresse plus que Cyrus et Cambyse, et les boucheries de ces conquérants ne sont rien auprès du mal qu'il se donne pour joindre les deux bouts; car c'est un exploit plus difficile.

— Allons! dit madame Vandrenne à ses amies, je vois bien que personne ne voudra répondre décidément à votre question.

Hélias, le vieux membre de l'Institut, à la tête horrible de beauté et de génie, secoua son front, couronné d'une épaisse chevelure.

— Madame, dit-il, ces messieurs peuvent

être embarrassés, car ils sont des orfèvres divins, mais en somme, des orfèvres. Pour moi, simple mathématicien, je pourrai, je crois, sans peine satisfaire votre curiosité. Tout est moderne, et il n'y a que des sujets modernes.

— Oh ! s'écrièrent quelques jeunes femmes, avec une évidente expression de révolte.

XXVIII

— Vous m'accorderez bien, dit le savant, qu'un livre ou un tableau sont modernes quoiqu'ils aient été achevés il y a quelques heures ou quelques jours, car ils ne peuvent être instantanés, comme la photographie. Il faut le temps de faire les esquisses, de dessiner, de mettre de la couleur sur la toile. De même, il faut aussi composer et tirer à la presse les feuilles imprimées typographiquement. Je ne parle pas du temps réclamé par l'écriture! Est donc moderne toute œuvre terminée il y a peu de temps, et aussi ayant pour objet l'étude des êtres et des choses ayant existé récemment. Or, je vous le répète, tout est récent, tout s'est produit il y a cinq minutes, y compris les événements et les hommes appartenant aux âges dits primitifs de l'histoire.

En effet que connaissons-nous? Et si mal! Cinq mille années. Mais pour former notre monde, perdu au milieu des autres, comme une vague dans la mer, il a fallu des millions et des millions d'années. Le point primitif où s'agite éperdument la matière, qui n'est pas encore à l'état gazeux, comporte peut-être des millions de lieues. Puis, elle entre en ignition par l'effroyable rapidité du mouvement, devient un soleil, qui tient en espace tout ce qui sera plus tard un monde solaire. Pour briser cette boule de gaz ignée, en d'autres boules emportées dans le même mouvement sphéroïdal, autres millions d'années. Alors, les boules les plus éloignées commencent à se refroidir, et à se couvrir peu à peu d'une pellicule de granit, travail pendant des siècles démoli et recommencé. Enfin l'atmosphère se forme sous l'empire des perpétuelles et effroyables réactions chimiques. Notre monde naît, tour à tour habité par de vagues formes, par des figures initiales et confuses, puis par mille races d'êtres, de monstres ailés, de colosses, jusqu'à l'apparition de la race humaine. Elle paraît enfin, et par combien de meurtres, d'égorgements, de déluges, de fléaux et de cataclysmes n'est-elle pas anéantie et renouvelée sans avoir pu recevoir aucune notion de ses transformations sans nombre.

Et sur les siècles qui se sont écoulés, semblables à la fuite des flots, nous connaissons,

quoi? Cinq mille ans, à ce qu'on assure !
Nous sommes comme la taupe, qui met un
instant la tête hors de son trou, puis y rentre et meurt tout de suite. Cet instant qui
n'est rien, et pendant lequel, de nos yeux
presque aveugles, nous avons entrevu le
jour, devons-nous le scinder, le diviser, appeler son commencement : antique, et sa
fin : moderne ? L'homme, emporté par l'effroyable tourbillon, vit une minute. Au
contraire, la Pensée créatrice possède des
gouffres d'infini où les univers s'envolent,
et des abîmes d'éternité qui se confondent,
se noient, et continuent les uns dans
les autres. Pour nous qui avons juste le
temps de pousser un gémissement et un
éclat de rire, et de nous écrier comme don
Juan : O ciel, que sens-je ? — nous n'avons
que faire de rétrécir notre domaine. Car la
Grecque Hélène est à bien peu de chose près,
sinon tout à fait, la contemporaine de monsieur de Bismarck.

— Alors, dit madame Moyne, à quoi servent les arts et la poésie ?

— Mais, dit Hélias, ce qui est vivant est vrai et moderne, le reste n'est rien ! Les arts servent à affirmer la vie, qui seule existe, d'après la conception grandiose de Preyer, pour qui ce que nous nommons le monde inorganique ne serait que des scories rejetées par elle.

XXIX

Ce qu'il y eut de bien parisien, c'est que personne ne répondit rien aux paroles d'Hélias, qui auraient soulevé trop de questions. Il y a des moments où il ne faut plus rien dire, et alors, c'est le tour de la musique, dont l'harmonieuse voix parle à chacun un langage différent, et s'adresse directement aux âmes. Malsang se mit au piano, et joua cette poétique symphonie : *La Désolation de Cythère*, qu'il a écrite d'après une ode célèbre, et où pleurent douloureusement sur un rhythme joyeux les fantômes qui furent les Enchantements et les Voluptés. Sous les doigts du compositeur, l'instrument de bois était un orchestre vivant, plein de sanglots, de regrets divins, de triomphes évanouis. On l'écoutait avec un tel serrement de cœur, avec une telle attention passionnée, que Jean Carion, entrant à ce moment-là, put esquiver presque tout l'ennui de son succès et fut seulement salué de loin par des signes de tête et par des regards sympathiques. Il alla s'asseoir à une table que couvrait de lumière une lampe à l'immense abat-jour, et sur laquelle étaient étalés des Revues, quelques livres, et aussi des albums, sur lesquels les artistes et les poëtes jetaient parfois un croquis, ou une impression rapide, traduit en quelques vers.

Toutes les personnes présentes étaient emportées dans la pensée du musicien, toutes semblaient revivre un passé douloureux et épouvanté, dont nul n'a pu ignorer les amertumes. Une seule femme échappait à cet enchantement, et Carion vit, tournée de son côté, la tête spirituelle et vivante de madame Zoé Caraman, avec son regard clair, ses lèvres épaisses et sa lourde chevelure, éclatante de santé et de bonne humeur. Elle seule, sans doute, n'avait rien à regretter, n'ayant pas cherché le bonheur et voulu escalader les cimes, mais ayant seulement demandé à la vie ce qu'elle peut donner. En la voyant forte, sereine, heureuse, exempte de toute rêverie et de tout ennui, Jean Carion ne put résister à satisfaire un caprice d'artiste; mais il s'y prit si adroitement et si bien, qu'il ne put avoir l'air pédant, et même ne fut pas remarqué. Il tira de sa poche un tout petit album à croquis, très mince, qui pouvait tenir dans la main, et sur un feuillet, avec un crayon de mine de plomb, fit un portrait de madame Zoé Caraman, où fut rapidement saisie l'énergie et la grâce très particulière de ce visage, dont on affirmait la laideur, que lui trouvait beau, et qui l'était. Ce fut un portrait outré, excessif, vrai, qui eut la beauté d'une caricature, par l'intensité du regard, de la bouche, de tout l'être, audacieusement volé à la réalité.

Pour que ce fût une de ces belles pages dont on s'enorgueillit et que plus tard on couvre d'or, il ne manquait à ce tout petit portrait, d'une grande allure, que les larges marges et la riche bordure de l'encadrement, qui certes ne lui manqueraient pas toujours. Mais pour le moment, Carion remit le petit album dans sa poche et n'y pensa plus.

Un moment après, il passait près de madame Zoé Caraman. Elle lui dit :

— Monsieur, je regrette de ne pas connaître lord Cundall ; je le féliciterais d'avoir été riche à propos. Auprès de la sienne que sont nos pauvres fortunes ? Pourtant, je serais très heureuse si vous vouliez bien faire mon portrait.

— Madame, le voici, dit Carion, qui donna à madame Caraman le petit album, ouvert au feuillet où elle était représentée.

— Ah ! dit-elle, c'est bien moi, copiée et imaginée avec génie. Et elle ajouta en riant, et en regardant le peintre dans les yeux jusqu'à l'âme : Combien vous dois-je, monsieur, pour votre peine ?

— Madame, dit gravement Carion, pour ces babioles, je ne taxe pas. C'est à la volonté des personnes. — Involontairement et par hasard, Daniel Mathis, qui se trouvait tout près d'eux, avait entendu les paroles que madame Caraman et son ami avaient échangées ; et, regrettant alors sa propre vie, il ne put s'empêcher de faire un douloureux retour sur lui-même. Ainsi il y avait des êtres, comme Carion et comme cette femme spirituelle, riche, heureuse, qui, n'ayant pu avoir ce qui seul est divin sur la terre, l'amour pur, exclusif, fidèle, qui tient et remplit la vie, n'avaient pas voulu en connaître la vaine parodie avec ses idolâtries, ses désespoirs et ses voluptés délirantes. Et lui, Daniel, cependant, il avait trébuché dans ce gouffre, dans ce vertige. Il sentait bien qu'il avait tout perdu, le courage, la possession de soi-même, la volonté qui éclaire le but et nous y mène. Eh bien, qu'importait !

Il ne serait pas le grand homme, l'homme utile, le chercheur, le grand trouveur qu'il avait rêvé d'être. Il ne serait pas le savant, l'homme d'autorité, d'expérience, de sacrifice, dont on récompense les travaux avec de la gloire, avec des honneurs mille fois mérités, avec une pourpre vraiment précieuse. Mais il serait l'amant qui possède sa bien-aimée Claudine, et elle vaut bien une vie, et le reste, il ne s'en souciait plus ! Tant pis, las, sans amis, déchu et avili s'il le faut, il ne sentirait pas un regret et s'estimerait satisfait, ayant Claudine.

Tout lui manquait, mais non Claudine, inconsciente, enfantine, folle, mais divine comme une pensée et comme un Ange. Sa vie perdue et finie, l'avenir naufragé, la gloire avortée, qu'importait, pourvu qu'il eût toujours les furieux baisers de sa bien-aimée, et qu'il vît toujours ses yeux pleins de ciel et sa petite bouche de rose. Mais il lui fallait voir toujours Claudine, la tenir dans ses bras, ou l'admirer, l'adorer et ne pas avoir le temps de se souvenir avec de lancinantes douleurs qu'il existait autre chose qu'elle. A ce moment-là même, où était-elle ? Daniel eut le besoin impérieux de la retrouver, de la contempler, de la tenir dans son regard, de voir ses lèvres, dont la seule vue lui donnait l'oubli des dégoûts et du remords. Anxieux, il traversa les salons, exaspéré par la triomphale beauté des femmes, par les airs gais, spirituels, ironiques, mélancoliques des hommes ; pourquoi tout ce monde-là existait-il?

Évidemment, Daniel se le disait, madame Vandrenne, attardée sans doute à causer avec une amie, ou occupée par quelque groupe de fidèles lui prodiguant l'encens et la louange, allait venir, elle serait là dans une minute. Mais cette minute, Daniel Mathis ne pouvait la vivre sans elle ; il la lui fallait tout de suite ; il était comme un petit enfant, dont le caprice ne fait crédit à rien, ni à personne. Il allait comme un fou, heurtant les invités stupéfaits, marchant sur les robes des femmes, pareil à un exalté courant vers le malheur inconnu qui de loin le sollicite et l'attire.

Il arriva à un boudoir dont la porte n'était pas fermée et qu'un rideau flottant isolait seulement de la foule, comme si la personne qui était là se trouvait mieux protégée en pouvant entendre le moindre bruit, et deviner le pas d'un indiscret qui viendrait troubler sa solitude. Daniel leva le rideau et regarda; comment ses yeux ne furent-ils pas brûlés et desséchés par ce qu'il vit, comme dans un affreux cauchemar? Le beau José Torrès était à demi étendu sur le satin d'une chaise longue. Debout, penchée sur lui et prenant à pleins poings son visage, madame Vandrenne le baisait goulûment, avidement, éperdument, baisant sa joue, son front, ses yeux, sa bouche d'où sortent les belles chansons, comme une affamée, qui se gave, se soûle de plaisir, et n'en aura jamais assez.

Tout à coup, en levant les yeux, elle vit Daniel Mathis qui la regardait, plus pâle qu'un mort et le visage blanc comme un linge. L'idéale Claudine ne fut nullement honteuse ni embarrassée. Indignée, seulement. Ce fut la Diane irritée et farouche, foudroyant de sa colère le mortel impie qui la trouble dans ses plaisirs. Le cri qui allait jaillir, Mathis eut la force de l'étouffer dans sa poitrine. Il sentait que ses sens l'abandonnaient, qu'il allait s'évanouir, tomber là, mais il ne le voulut pas. Rassemblant sa force, se cramponnant à un reste de vie, il put se tenir debout, traverser les salons et sortir. Carion, qui le vit au passage, fut épouvanté de ses yeux décolorés et fous, de sa pâleur effroyable, et, d'instinct, devinant quelque chose de pareil à ce qui venait de se passer, voulut sortir avec son ami et l'accompagner. Mais Daniel put lui faire un signe absolu, impérieux, pour lui dire de le laisser seul. Oui, si quelqu'un eut jamais besoin d'être seul, tout à fait seul, délivré de toute voix et de toute créature humaine, ce fut lui, à ce moment-là !

XXX

Une fois dehors, Daniel qui n'eut qu'un désir, marcher devant lui toujours, à grands pas, à l'air libre, fut tout à coup guéri et transfiguré. Le sang avait repris son cours ; il se sentait fort comme il ne l'avait jamais été. Et heureux aussi. Tout son passé d'hier, sa folie, sa fureur, son idolâtrie pour madame Vandrenne, tout cela s'évanouissait, comme un vilain rêve. On était aux derniers jours d'avril, et il était très tard dans la nuit, c'était presque le matin, quand Daniel était sorti de l'hôtel Vandrenne. Il respira l'air frais, vit le jour naître et grandir dans le ciel doré et doucement rose, et ardemment voulut voir Paris, le retrouver, s'en emparer. Pendant toutes les premières heures du jour, il marcha à travers les rues, les places, les quais, où il voyait la rivière rouler ses flots dorés de soleil, les jardins publics déjà pleins de verdure et de fleurs.

A ce moment de l'année, délivré du noir hiver, Paris s'éveille et ressuscite. Nulle part le printemps n'est plus gai, plus jeune surtout que dans cette ville plantée de forêts, dont l'âme et la pensée, cachées hier dans le recueillement, sont maintenant visibles. Éclairé par la grande lumière, Paris ouvrier, poète, artiste, laisse voir le héros qu'il est, travaillant, imaginant, cognant sur l'enclume, donnant tout son cerveau et tout son sang pour la gloire du monde. La cité infatigable est modelée, extasiée, affinée et divinisée par la science, par l'art, par le rêve, qui ne s'arrêtent jamais ; elle leur ressemble. En regardant ses monuments, on voit que des âmes y sont vivantes. Les arbres de Paris sont plus beaux que tous les autres ; un souffle d'amour les fait frémir et tressaillir.

Ses boutiques étaient des merveilles, et rien n'égale le miracle de ces paradis qu'on y rencontre à chaque pas ; les boutiques de fleurs ! A l'heure du matin où il s'éveille, on sent que lui-même va éclore comme une fleur, sous la poussée de la sève qui court et se renouvelle dans ses veines.

Pour la première fois, grisé d'air, de parfums, de beaux spectacles, Daniel, à ce qu'il lui sembla, voyait Paris, le retrouvait et se retrouvait lui-même. Il y avait là, il le savait, il les connaissait, des hommes qui donnent toutes leurs minutes, toutes les gouttes de leur sang, le plaisir dont ils se privent, pour prolonger, soulager, guérir la vie des autres ; ces hommes, il avait été leur élève, leur docile écolier, et il sentait qu'il l'était, qu'il le serait encore. De l'amant égoïste et féroce qui lâchement avait accepté le dévouement de la malheureuse Marcelle Rabbe, et avait trouvé bien qu'elle souffrît seule ; du ridicule Roméo, qui avait épuisé avec Claudine Vandrenne les délices absurdes d'un amour bestial, poétique et fou ; de ces jouets de la passion et de la démence, il ne restait plus rien. Ces fantômes avaient été étouffés dans le baiser de Claudine et de José Torrès. Dans l'âme et l'esprit de Daniel Mathis ressuscitait la passion de savoir et de dévouement qui pendant longtemps avait été tout lui-même.

En quel temps il vivait et combien elles étaient inestimablement précieuses, ces heures qu'il avait sottement données au trouble de son esprit et à la satisfaction de ses sens, artificiellement excités, à la fièvre maladive et à la niaise parodie de l'amour, il se le rappelait enfin, d'un esprit clairvoyant et avec mille remords. Le savant de notre âge a vu dans tout son ensemble la chaîne immense de la vie. Il n'y a plus : l'homme, personnage unique, dans un décor inconscient, qui était l'univers. Il n'y a plus qu'une matière unique dont tout est fait, qui se crée elle-même, sans cesse transformée par la force du mouvement, et dont l'homme fait partie, comme tout le reste. Où s'arrêtent la matière, la vie, la pensée? Nulle part, et à travers les infinis évoluent des mondes et roulent des astres, qui sont faits avec la même matière que le corps d'un roi et que la boue du ruisseau. Le savant moderne a déchiré, dénoué ou écarté, l'un après l'autre, les voiles d'Isis. Il a contemplé et touché le mystérieux et l'inexplicable; il a connu les causes de ce qui était hier mystérieux; il a renouvelé et produit à son gré les miracles. Contre les maux qui nous dévorent et qui nous déchirent, il combat d'égal à égal. Il recommence Hercule, cet esclave d'un roi, voué à un travail sans cesse renaissant, qui obéissait à un tyran et défiait les Dieux, et qui put vaincre et terrasser la Mort sur la tombe d'Alceste.

Pour guérir un être nouveau, l'homme bien connu et étudié, la Science a trouvé une hygiène créatrice et aussi des médications nouvelles, devant lesquelles la maladie recule, hésitante et stupéfaite.

Oh ! pouvoir entamer et poursuivre une pareille lutte, pouvoir refaire l'ordre, la force, la vie qui se dissolvaient, et s'amuser à chanter : Mon cœur palpite, comme un ténor d'opéra-comique ! Daniel eut horreur de lui-même, regarda avec mépris la marionnette qu'il avait cessé d'être, et fut honteux d'avoir pu s'intéresser à un tel polichinelle. A présent, il voulait travailler, étudier, vaincre, et pour jamais redevenir le docteur Mathis.

Quand on a sottement fait l'ange et qu'on veut en finir avec ce rôle démodé, le mieux est encore de songer à la bête et de lui donner tout de suite sa part d'avoine. Daniel s'en alla au Hammam, où il prit un bain de vapeur, fut douché, puis frictionné par un masseur nègre, qui rendit à son corps la souplesse, et lui fit craquer les os à les lui briser. Puis rue d'Amsterdam, au restaurant anglais, il savoura avec délices un copieux repas d'ale et de roastbeef. Puis il rentra chez lui, se coucha et pendant de longues heures dormit sans rêves.

Le jour était près de finir lorsque, après avoir fait à pied le long trajet, il arriva chez Jean Carion. Le peintre, qui n'a qu'une seule façon d'être, profitait pour travailler de la dernière heure, comme il avait profité de la première. Cependant, il s'interrompit en voyant Mathis, alla à lui et l'embrassa longuement.

— Ah! cette fois je te reconnais. C'est toi! dit-il. Assieds-toi là, et voici une très bonne pipe, dont j'espère que tu seras content.

XXXI

Daniel fit à son ami une longue confession, dans laquelle il n'omit rien, mit à nu son cœur blessé par les désirs fous, dit ses vaines luttes, ses fatigues mortelles, ses dégoûts, ses faiblesses, ses injustes haines, et l'horreur de sa vie, envahie par l'ingratitude et par les plus hideux égoïsmes.

— A présent seulement, je me réveille, dit-il, et je m'aperçois que j'ai été fou.

— Pas plus fou que les autres enfants, dit Carion. Car la jeunesse, livrée aux violences et aux puérilités du faux amour, est une seconde enfance, et il n'est pas plus sérieux d'adorer un vain fantôme de poésie composée et de grâce apprise que de jouer à la toupie et à cligne-musette. C'est la seconde fois que ça t'arrive ; tâche que ce soit, non pas la bonne, car il n'y a pas de bonne démence, mais la dernière. Et surtout ne va pas juger trop cruellement une femme qui n'a eu que le tort de ressembler trop exactement à ton rêve. Nul au monde n'a le droit d'être sévère, si ce n'est pour soi-même, et souviens-toi que tu n'es pas un juge. D'ailleurs, ce qui me console, c'est que pendant cet interminable hiver, que tu as eu l'air de perdre en de vains délices, tu as peut-être travaillé de ton métier utilement, et plus que tu ne crois.

— Comment cela? dit Mathis.

— Oui, dit Carion, tu te trouvais en face d'un cas pathologique dont tu étudiais les phases, sans t'en rendre compte, et tu avais à ta disposition un sujet plus précieux que ceux de la Salpêtrière, où on ne rencontre pas la névrose des femmes du monde. Toutes les observations que tu as pu faire te reviendront à la mémoire en temps utile et tu les trouveras soigneusement classées et cataloguées dans ton cerveau, à leur place. Quelle est la part de responsabilité de ces femmes idéales, dans la beauté qu'elles savent créer, dans les robes qu'elles portent, non sans un petit trait de génie, dans les idées quelconques et puériles qu'elles échangent, exprimées avec un argot composite où se rencontrent des pensées, tantôt minces comme un cheveu, ou grosses comme une corde à puits? Assurément très petite, et leurs trahisons, leurs infidélités, leurs passions pour lesquelles elles s'imitent l'une l'autre, sans pouvoir atteindre jamais à un type plus original, relèvent, en somme, d'une littérature courante, un peu mêlée et brouillée. En tout cas, Paul Vandrenne, qui s'est d'abord occupé d'avoir un fils, bien de lui et bien à lui, et qui s'arrange de façon à avoir beaucoup d'argent, le gagne honorablement, en travaillant comme un bœuf, paye tout ce qu'il faut payer, est bon, charitable et serviable pour tous, se bat sous le plus frivole prétexte, et n'est pas plus économe de son sang que de son or, c'est un philosophe. Faire tout ce qu'on peut, et recevoir de bonne grâce les cheminées qui vous tombent sur la tête, sans jamais permettre à personne de vous rendre ridicule, cela vaut mieux que de se mettre une pierre au cou, comme Georges Dandin, et de s'aller jeter dans la rivière.

— Mais, dit Mathis, égoïstement je ne t'ai parlé que de moi, quand j'aurais dû, avant tout, te féliciter du triomphe de tes tableaux, et du prix prodigieux qu'ils ont pu atteindre, et si justement.

— Les résultats matériels ne sont rien, dit Carion. La seule récompense de l'artiste, c'est d'avoir un peu réalisé la figure fuyante de son rêve. Le succès vient, qu'il soit le bienvenu. Il s'en va, ou ne vient pas : bon voyage! Ce fut la grandeur de nos pères, les romantiques, de négliger la question de sous, et ils méprisaient l'argent, comme la boue de leurs souliers. Lord Cundall a voulu mes tableaux, et il les a payés cher ; mais crois-le, je serais tout aussi fier si, comme le grand Delacroix, lors des luttes de sa jeunesse, je les avais donnés pour le prix des couleurs et de la toile.

— O mon cher ami, dit Mathis, maintenant que me voilà vivant, tes paroles ne seront pas pour moi lettre morte, et continuellement j'aurai sous les yeux ton exemple.

— Ce n'est pas assez, dit Carion. Il faut te régler sur des exemples plus grands et plus absolus. Celui qui s'est donné aux arts qui nous possèdent, certes doit travailler comme un bon ouvrier infatigable ; mais, s'il n'a fait que cela, il n'a rien fait. Avoir passé, depuis l'âge de vingt ans, par tous les concours d'externat, d'internat, de médailles, jusqu'aux grades de médecin des hôpitaux et d'agrégé, avoir soulevé vingt fois de suite ce rocher de Sisyphe, qui sans cesse vous retombe sur la tête, c'est un gros travail, et cependant ce n'est rien! Le professeur, sous sa pourpre, ne peut pas vivre en tranquille dignitaire, et regarder son siège comme fait. Il faut qu'il soit, non seulement un grand inventeur, sachant trouver la preuve matérielle et tangible de ses audacieuses hypothèses, mais aussi un grand orateur et un grand écrivain, pour donner une voix à son incessante création, car la science ne peut pas être une muette. Ni, ce qui serait peut-être pis encore, une bavarde qui parle une langue quelconque, sans précision, sans génie et sans flamme.

Les deux amis ne voulurent pas se quitter ce jour-là. Ils dînèrent ensemble au Café Anglais, dans la salle commune, ce qui leur donna un répit et leur permit, sinon d'oublier l'objet de leur préoccupation, du moins de n'en plus parler. Ce dîner avec le peintre, dont l'affection et la grande intelligence étaient pour lui comme un baume salutaire, fut déjà pour Mathis un retour à la santé, car s'il avait avec lui un compagnon en qui se résume la volonté et l'obstination du Paris laborieux, il était aussi imprégné de Paris lui-même, qui, sur le plus spirituel des boulevards, est comme un air qui vous vivifie et qu'on respire. Après avoir bien mangé en artistes qui savent apprécier un verre de bon vin, et qui préfèrent à des vocables prétentieux un simple filet bien grillé, Carion et Mathis arrivèrent à pied à l'atelier, en fumant des cigares. Ils y arrivèrent sur les dix heures et trouvèrent Suzanne Brunel qui les attendait. Car avant de partir pour le Café Anglais, Carion lui avait fait porter, pour l'engager à venir, une lettre qui, heureusement, la trouva chez elle.

XXXII

Magnifiquement vêtue et portant ses joyaux avec simplicité, car elle avait dû se faire belle pour être à ses amis un noble et calme spectacle, Suzanne lisait, assise à une table éclairée par une lampe à l'immense abat-jour. Et alors commença une de ces soirées, si rares dans la vie, qui satisfont tous les désirs de l'esprit et de l'âme, et dont on garde le souvenir. Pour deux hommes supérieurs, qui s'aiment, et qui ont connu toutes les phases de la douleur et de la vie, qui en parlant, ou sans parler, se comprennent et peuvent être unis par la voix aussi bien que par le silence, rien n'égale un long moment où ils peuvent être seuls ensemble, savourant les délicatesses d'un esprit subtil à qui rien n'est étranger; et combien sont-ils plus l'un à l'autre et réellement seuls, lorsqu'il y a à côté d'eux une femme ! Mais une femme comme Suzanne Brunel, discrète, aux belles poses, silencieuse, qui par la grâce de sa démarche, est la musique et l'eurhythmie de ce qu'ils disent et de leurs pensées. Suzanne servait le thé, encourageait et reposait de ses regards Carion et Mathis, et leur donnait la sensation du beau harmonieux et tranquille, qu'on peut admirer sans être troublé par aucune des folies de la passion et de la haine.

Tous trois, évidemment, ils n'avaient pas et ne pouvaient pas avoir d'autre idée que la guérison et la délivrance de Daniel; mais ils n'y firent aucune allusion, même détournée ou lointaine, pour ne pas irriter des blessures encore saignantes. Les deux hommes parlaient en peu de mots, à longs intervalles, de choses éternelles et belles, et, assouplie, mêlée à l'état de leurs âmes,

Suzanne Brunel devinait, sentait plutôt ce qui se passait en eux, les écoutait penser, et, s'il fallait parler pour interrompre le silence, trop plein de souvenirs et de douleurs mal guéries, disait ce qu'il fallait dire.

Il y eut un moment où possédé, vaincu enfin par le souvenir violemment ressuscité de son premier amour, Daniel eut sur son visage l'expression même du visage de celle qu'il avait tant aimée et abominablement reniée, et dans ses prunelles avivées, l'éclair même de ses yeux. Ce regret et ce remords, Suzanne les lut, comme des paroles qu'on lit dans un livre, et son regard raconta clairement sa sympathie et sa pitié à Daniel Mathis, qui retrouva alors l'absente, évoquée par une magie invincible.

— Oui, dit-il à Suzanne, comme un enfant qui supplie, très doux et presque pleurant, je voudrais revoir Marcelle !

— Vous la reverrez, dit Suzanne, et il

faut bien que ce moment arrive. Mais ce sera pour elle une terrible minute !

— Et songes-y, dit Carion, pas même dans le repli le plus lointain et le plus obscur de ta pensée, il ne doit y avoir pour elle, même un ressouvenir, une impression, un vague désir de possession et d'amour. Car alors il vaudrait mieux l'étrangler de tes mains !

— Oui, dit Suzanne, ce serait le pire des incestes, car pour que vous puissiez avoir encore quelque chance de vivre, elle a généreusement annihilé, sacrifié sa vie ! Pour éviter que vous soyez l'amant d'une fille, odieusement lié à elle par l'atroce jalousie du passé, toujours renaissante, elle a supprimé ce passé lui-même, par l'absolue chasteté qui guérit et renouvelle tout. Les Marion et les Constance ont adopté le commode système d'effacer les anciens baisers par des baisers nouveaux. Mensonge hypocrite et niais, car ce qui vraiment les supprime, c'est : pas de baisers du tout, et ce qui pour l'heureuse amante est la chaste et loyale caresse, pour elle qui a été jadis une prostituée, est l'implacable souillure.

Marcelle Rabe, dont l'esprit est aussi juste que sa conscience, sait cela comme elle sait tout le reste et elle s'est mortifiée dans sa chair. Après qu'elle vous a appartenu et jusqu'à aujourd'hui, elle a vécu chaste comme une vierge, évitant et fuyant même la pression d'une main amie, car elle a voulu être et elle a été absolument pure. Oui, c'est la vraie malédiction de la courtisane qu'elle ne peut éprouver et inspirer l'amour, cette passion divine sans que le flot de fange de son passé, tout à coup remué, ne salisse à la fois son amant et son amour. Aussi n'a-t-elle qu'une ressource, c'est de fuir cet immense bonheur qui ne peut pas exister pour elle, et par respect pour celui qu'elle aimerait et pour elle-même, de redevenir ce qu'elle voudrait avoir été jadis : une femme, une créature non avilie et tachée.

A ces mots, Daniel eut un sursaut, une révolte, et, avec une protestation muette, regarda Suzanne fixement, presque insolemment. La jeune femme, en qui cette accusation muette excita seulement un mouvement de pitié, lui répondit avec douceur :

—Oui, je vous entends me dire : Mais vous ! Eh bien, moi, j'étais un être comme tous les autres. J'étais belle, j'avais une âme, je sentais que j'aurais éprouvé, moi aussi, ce sentiment qui éclaire la vie d'une lumière céleste. Mais avec obstination et avec désespoir j'ai évité l'amour, sachant qu'il n'était pas fait pour moi, et que je ne pouvais pas accueillir ses tourments délicieux, sans devenir une meurtrière. Notre âme ! elle n'est plus, il ne nous reste à donner que des voluptés et des illusions d'une heure, et quand nous ne les vendons pas, nous pouvons aussi en faire la charité et l'aumône à ceux qui veulent bien apaiser leur faim et leur soif avec ses fruits dérisoires.

— Mon cher Daniel, dit Carion, tu verras Marcelle, nous obtiendrons d'elle qu'elle subisse cette dernière torture, et tu la verras demain même, sans doute. Mais en la voyant, n'oublie pas qu'elle a été une victime volontaire et une martyre, pour te sauver et te racheter d'une possession indigne. Elle s'est toute sacrifiée : cela, ce n'est qu'une joie et une volupté pour la femme qui aime. Mais elle t'a sacrifié toi-même, elle t'a donné, elle t'a jeté en proie à une rivale choisie et voulue par elle, et dont les baisers de braise rougie devaient brûler ton amour, en faisant grésiller et fumer ta chair. Te voilà sauvé, au prix de souffrances atroces; mais elle! Rappelle-toi qu'elle ne peut plus avoir qu'une consolation, celle de te voir digne de ton destin, grand, admiré, tel que tu devais être et que tu serais devenu, si tu ne l'avais jamais rencontrée.

Minuit sonnait. Suzanne partit, pensant que les deux amis restant seuls, Mathis laisserait mieux un libre cours à son émotion, et que le flot de ses larmes lentement amassées pourrait couler enfin. Mais, au contraire, Daniel ne put ni parler ni pleurer, et seulement de sa poitrine lasse et brisée s'échappèrent de profonds sanglots. Carion le prit dans ses bras et le serra sur son cœur, dans une étreinte fraternelle.

— O mon ami, lui dit-il, rassemble en toi toute ta force, pour la minute difficile et suprême ! Et cependant, réjouis-toi qu'elle soit venue. Car s'il te faut reboire en une fois, misérable ! le dégoût de toi-même et tant de pleurs corrosifs, tu vas aussi te trouver en face de ton honneur conquis, de ta vertu retrouvée et de ta conscience visible, qui est Marcelle Rabe !

Ni Carion, ni Suzanne, qui pourtant, l'un l'autre, savent tant de choses, n'eussent fait à Daniel les recommandations si justes qu'ils lui avaient adressées, croyant trouver en lui un Roméo indélébile ! s'ils avaient pu pré-

voir l'effet que produisit sur lui la vue de
Marcelle Rabe, lorsqu'il se trouva devant
elle. Il fut retourné, secoué dans tout son
cœur, frappé d'admiration et d'épouvante.
Ah! certes, la Marcelle qui s'offrit à ses
yeux, il ne la connaissait pas, et sa vue fut
pour lui un reproche qui ne devait jamais le
quitter, et qui pour lui serait encore présent
à l'heure de la mort.

Une Niobé, une de ces grandes femmes
antiques, vivante encore et cependant douze
fois meurtrie et assassinée dans sa chair,
c'est ainsi qu'elle lui apparut. Nul amaigrissement, nulle déchéance physique n'avait
défiguré son beau visage; mais dans ses yeux
profonds et sur sa bouche bonne et tranquille, il y avait l'incurable douleur que les
années, les heures, les minutes ne peuvent
apaiser ni tarir. Plus parfaite que jamais et
seulement alors devenue absolument belle,
cette femme par qui nulle pensée matérielle
ne pouvait plus être conçue ni inspirée,

avait dans tous ses traits cette clarté douce et chaste que peut leur communiquer un ardent, exclusif et pur amour. Sa peau fauve lavée à l'eau pure, sans le mensonge d'aucune poudre de riz et des cosmétiques; ses profonds yeux, avivés par une pensée unique, ses cheveux séparés par une raie droite, simplement relevés, et qui par leur abondance et leur souplesse formaient une coiffure sans égale; ses lèvres qu'en dépit des douleurs subies ne désertait pas le bon sang bourguignon, eussent suffi à faire d'elle une exception; mais surtout elle offrait le caractère partout reconnaissable des êtres qui se sont donnés et fidèlement dévoués à une idée de sacrifice et qui épurés et grandis par la projection de leur âme sur un objet unique, n'appartiennent plus à la matière.

— Ah! Marcelle, dit Mathis, que je vous ai fait de mal, et que j'ai fait cruellement couler vos larmes! Oublierez-vous ces heures d'épouvantable amertume, et pourrez-vous jamais me pardonner ?

— Comprends-moi bien, dit Marcelle, tu me vois aujourd'hui et tu ne me reverras plus jamais, car il ne doit plus y avoir entre nous les hideurs et les saletés de la passion, bavant de rage comme des chiennes affamées. Non, je ne veux rien oublier ; et que pourrais-je te pardonner ! Par une ardeur de mon âme qui m'a toute consumée et brûlée, j'ai voulu être toi, devenir toi-même, je l'ai été et je le suis. Je me suis si bien détachée, isolée, arrachée de tout, que j'ai obtenu cette grâce suprême d'exister hors de moi, et en toi seulement. Non, je n'ai jamais été loin de toi, ni séparée de toi. Sans nul obstacle, je suis où tu es, tu me pénètres, je te possède ; et c'est si nous nous voyions, au milieu des mensonges et des lâchetés de la vie, que nous serions vraiment séparés.

— Quoi ! dit Daniel, ne plus vous voir jamais ! et du moins, ne puis-je rien faire pour réparer, abolir et effacer le mal dont je suis seul auteur, et qui saigne encore ?

— Si, dit Marcelle; tu peux tout faire. Méprise les niaiseries sentimentales et, avant tout, sois bon, sois brave comme tu mérites de l'être, et chaque fois que tu auras étouffé dans ton cœur une lâcheté égoïste et fait un pas vers la vérité, sans que j'apprenne et qu'on me dise rien, je deviendrai forte et heureuse. Ah ! nous avons passé, avec de la boue jusqu'au cou, en des marais croupis et pleins d'ombre où grouillent des hydres; car tout ce que tu vivais, je le vivais, et je souffrais tout ce que tu souffrais. Mais te voilà délivré! assez écœuré et abreuvé de dégoût pour ne plus vouloir retourner à ton vomissement. Nous avons bu et mangé, sous prétexte d'ambroisie, les plus viles ordures. Nous avons savouré des baisers encore plus hideux que la vaine folie de l'amour à laquelle nous avons été condamnés, pâles comédiens terrassés par notre propre drame.

A présent, réveille-toi et marche ! Chaque belle action que tu feras, chaque effort pour savoir, chaque élan de vertu et de sacrifice sera une goutte d'eau qui apaisera un peu les brûlures de mon inextinguible enfer. Tu es revenu de la sombre nuit où s'agitent les folies de la haine, de la tristesse, du faux amour. Et à présent que te voilà guéri, médecin, guéris les autres !

3493. — Imprimeries réunies, rue Mignon, 2, Paris.

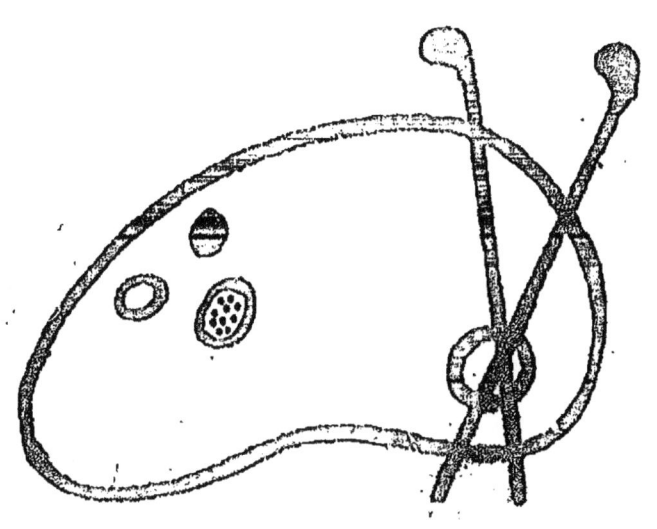

Original en couleur

NF Z 43-120-B

www.ingramcontent.com/pod-product-compliance
Lightning Source LLC
Chambersburg PA
CBHW070740170426
43200CB00007B/591